Alles, was ich über
PFERDE
wissen will

Alles, was ich über PFERDE wissen will

Text und Illustrationen
von Andreas Piel

gondolino

gondolino in der Gondrom Verlag GmbH, Bindlach 2003
ISBN 3-8112-1803-4

Der Umwelt zuliebe gedruckt auf chlorfrei gebleichtem Papier.

Inhalt

Die Vorfahren des Pferdes

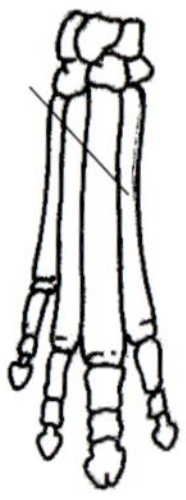

Hinterer Fußknochen von Eohippus

Lange bevor die ersten Menschen die Erde bevölkerten, durchstreiften Pferde die Welt. Sie sahen aber ganz anders aus als die heutigen Pferde. Die ersten vorgeschichtlichen Pferde waren nur katzen- bis fuchsgroß und ähnelten eher hornlosen Zwerghirschen. Fossilienfunde – das sind Funde von Versteinerungen –, die man in Nordamerika und Westeuropa gemacht hat, bestätigen, dass Eohippus vor ungefähr 55 Millionen Jahren gelebt haben muss. Es wurde auch Urpferdchen oder das Pferdchen der Morgenröte genannt. In einer klassischen Evolution, also in einer schrittweisen Anpassung an sich ändernde Umweltbedingungen, entwickelte sich Eohippus zum Equus caballus, dem heutigen Pferd.

Skelett eines Urpferdchens aus der Grube Messel bei Darmstadt

Nahrung
Die Zähne von Eohippus waren klein und flach. Es konnte damit nur sehr weiche Blätter fressen.

Solche Blätter fanden die Tiere nur in sumpfigen Gebieten.

Eohippus
auch Hyracotherium genannt

Oberer Teil des Schädels und Kiefers von Eohippus

Aussehen
Die vorgeschichtlichen Pferde sahen aus wie hornlose kleine Hirsche oder Rehe. Sie hatten noch keine Hufe, sondern weit spreizbare Zehen. Damit konnten sie sich vor dem Einsinken im Sumpfboden schützen.

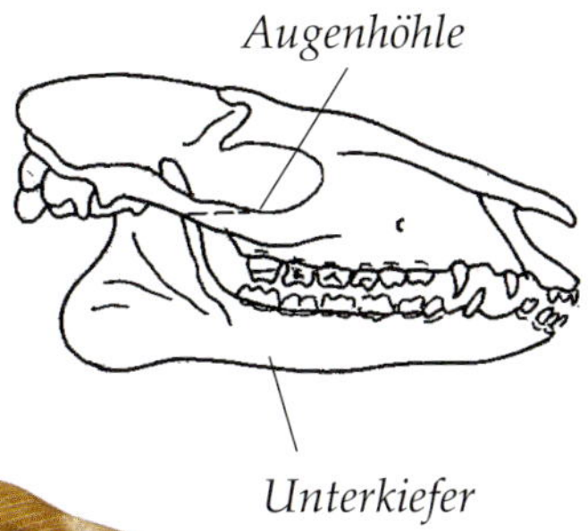

Schädel
Er besaß große Ähnlichkeit mit dem Schädel eines Nagetiers.

Eohippus
Der Körper des kleinen Tieres war lang gestreckt und hatte eine geschwungene Rückenlinie.

Tarnfarbe
Wissenschaftler sind der Meinung, dass das Fell von Eohippus rötlich war und helle Flecken oder Streifen besaß. Ein Fell, ähnlich dem des heutigen Rotwilds.

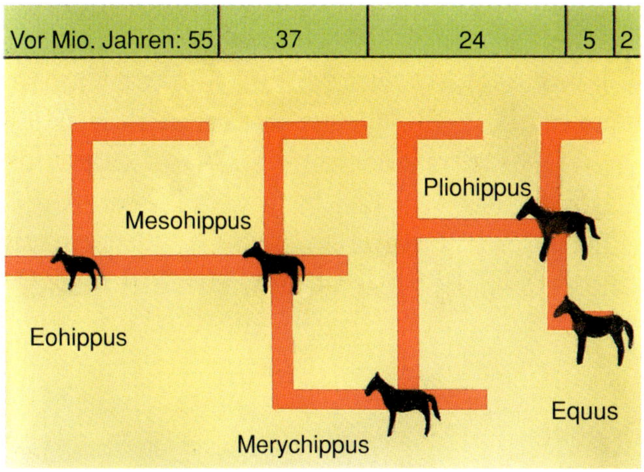

Stammbaum des Pferdes
Die Entwicklung von vielen ursprünglichen Typen hin zu Equus, unserem heutigen Pferd, dauerte etwa 55 Millionen Jahre.

Equus

Heutiges englisches Vollblut

Größenvergleich
Eohippus war um ein Vielfaches kleiner als das heutige Pferd. Das Urpferdchen wurde auch Hyracotherium genannt. So wurde es von dem britischen Forscher Sir Richard Owen bezeichnet, der 1840 die erste Gattung von fossilen Pferden beschrieb.

Parahippus

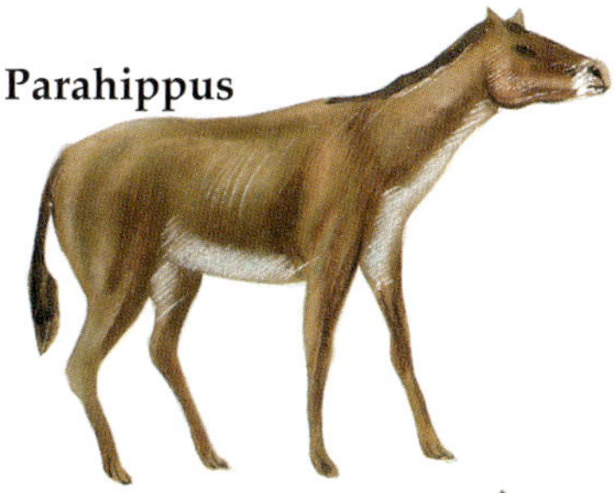

Weitere Ahnen
Es gab zahlreiche Formen und Verzweigungen in der Pferde-Entwicklung, die im Laufe der Zeit ausstarben, so etwa Parahippus, Hipparion oder Hippidion.

Hipparion

Eohippus

Hippidion

Der Weg zu Equus

Die offensichtlichste Veränderung in der Entwicklung des Pferdes war seine Größenzunahme. Aber auch Füße, Beine und Gebiss spielen eine große Rolle in seiner Evolution. Eohippus lebte in sumpfigen Wäldern und ernährte sich von weichen Blättern. Sein Gebiss und die Füße waren an diese Umstände angepasst. Im Laufe der Zeit wurde das Pferd größer, brauchte mehr Nahrung und ging so von Laub- zu Grasweiden über. Es verließ allmählich den weichen Waldboden und wechselte zum harten Boden der offenen Grassteppen über. So enwickelte sich aus dem vierzehigen Laubfresser in Millionen von Jahren der einhufige Gras- und Pflanzenfresser. Die ursprüngliche Heimat von Eohippus vor ca. 55 Millionen Jahren war Nordamerika. Vor ungefähr 26 Millionen Jahren, als es eine Landbrücke zwischen Alaska und Sibirien gab, wanderten die ersten Pferde nach Asien ein. Die Linie des Equus, also unseres modernen Pferdes, entfaltete sich aber vor allem in Nordamerika. Dort trat vor 5 Millionen Jahren Pliohippus in Erscheinung, das erste einhufige Pferd.

Die Erde
Vor 30 Mio. Jahren bis zum Ende der letzten Eiszeit verbanden Landbrücken die Kontinente. Die Pferde konnten sich so über die Erde verbreiten.

Eohippus

Mesohippus

Pliohippus

Equus

Der Schädel
Entwicklungsformen des Schädels und des Gebisses von Eohippus, Mesohippus und Pliohippus

Eohippus
Eohippus lebte vor ca. 58–38 Millionen Jahren, hatte eine Schulterhöhe von 25–50 cm und war das älteste pferdeartige Tier. Die 44 Zähne in seinem Gebiss deuten darauf hin, wie alt es stammesgeschichtlich ist. Das Pferdchen zählt zwar zu den vierzehigen Tieren, aber es hatte nur an den Hinterfüßen vier Zehen. An den Vorderfüßen besaß es nur drei.

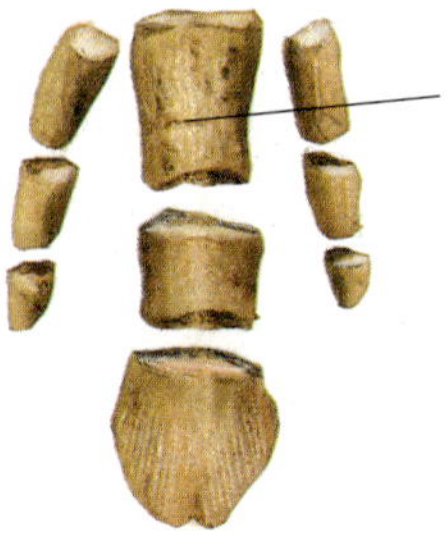

Zehenknochen von Amchytherium, einem Nachfahren von Eohippus. Man sieht deutlich, dass sich aus der mittleren Zehe der Huf entwickelt.

Eohippus

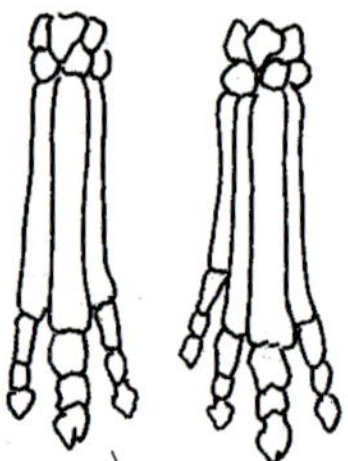

Mesohippus
Mesohippus lebte vor ca. 38–26 Millionen Jahren und hatte an allen Füßen jeweils nur noch drei Zehen, wobei die mittlere Zehe am stärksten ausgeprägt war. Schulterhöhe: 60–70 cm.

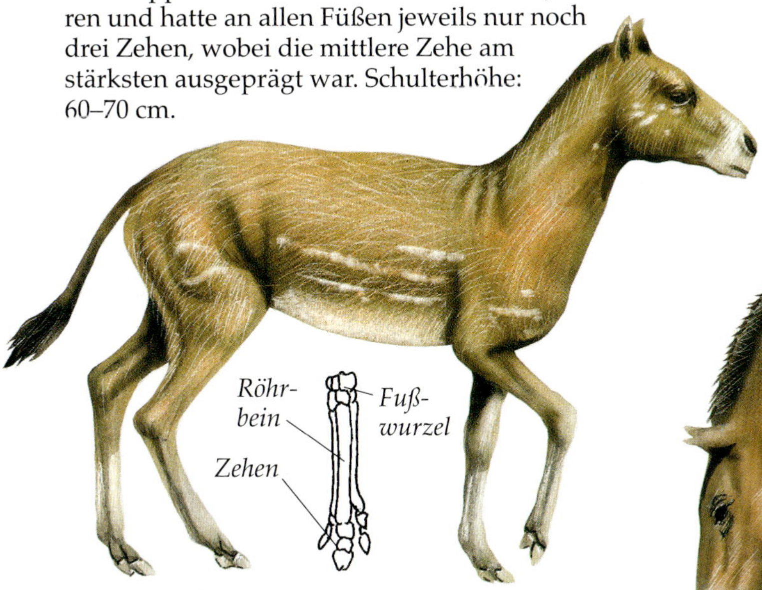

Merychippus
Merychippus war das erste Pferd, das sich ausschließlich von Gras ernährte. Die Zähne waren hochkronig und mit Zement verstärkt. Es lebte vor ca. 26–7 Millionen Jahren. Schulterhöhe: 90–100 cm.

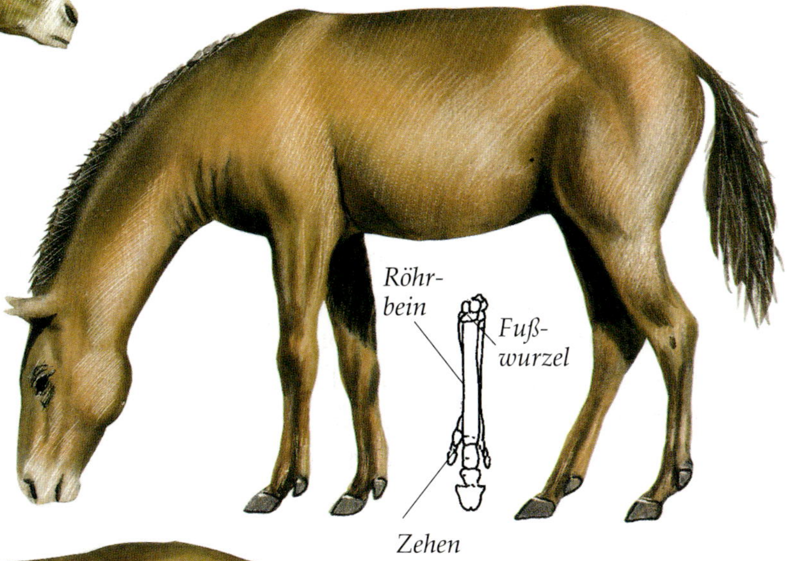

Pliohippus hatte eine Schulterhöhe von 110 cm.

Pliohippus
Pliohippus war der erste Einhufer und hatte schon große Ähnlichkeit mit dem heutigen Pferd. Diese Linie des Eohippus entfaltete sich aber nur in Amerika. Pliohippus lebte vor 5–2 Millionen Jahren.

Equus ist der Urahne unseres heutigen Pferdes und hatte eine Schulterhöhe von 150 cm.

Equus
Dieses erste moderne Pferd gibt es seit 2 Millionen Jahren. Von ihm stammt auch das Przewalski-Pferd ab, jenes Wildpferd, das bis vor kurzem in der Mongolei lebte und dessen Überleben heute in Zoos und eigenen Reservaten gesichert ist.

Vom Wildpferd zum Hauspferd

Equus war und ist ein sehr widerstandsfähiges und anpassungsfähiges Tier. Von Nordamerika breitete es sich über die damals existierenden Landbrücken nach Asien, Europa, Südamerika und schließlich nach Afrika aus. Diese Ausdehnung fand vor ca. 1 Million Jahren statt und dauerte bis zum Ende der letzten Eiszeit. Merkwürdigerweise ist das Pferd vor ungefähr 15000 Jahren in Amerika ausgestorben. Erst im 16. Jahrhundert, als die Spanier in Südamerika eindrangen, gelangten wieder Pferde dorthin. Im 5. Jahrtausend vor Christus begannen die Menschen erstmals Pferde zu fangen. Vorher hatten sie die Pferde nur zum Nahrungserwerb gejagt. Das Pferd wurde domestiziert, das heißt zum Haustier gemacht. So wurde es schrittweise durch Arbeit und Zucht geformt. Die erste züchterische Maßnahme war die Auswahl der Pferde nach bestimmten Merkmalen. Auf diese Weise entstanden die vielen verschiedenen Rassen.

Höhlenbild aus Lascaux, Frankreich

Blick in die Vergangenheit
Höhlenmalereien sowie zahlreiche andere Abbildungen aus der Geschichte geben Aufschluss über die Entwicklung und die Bedeutung des Pferdes für den Menschen.

Vorfahre aus der Steppe
Das Przewalski-Pferd, eine heute noch lebende Art der ursprünglich wild lebenden Steppenpferde, ist Vorfahre von vielen modernen Rassen. Manche Wissenschaftler sagen, dass alle heutigen Pferderassen nur auf die Domestizierung dieser einen Art zurückzuführen sind.

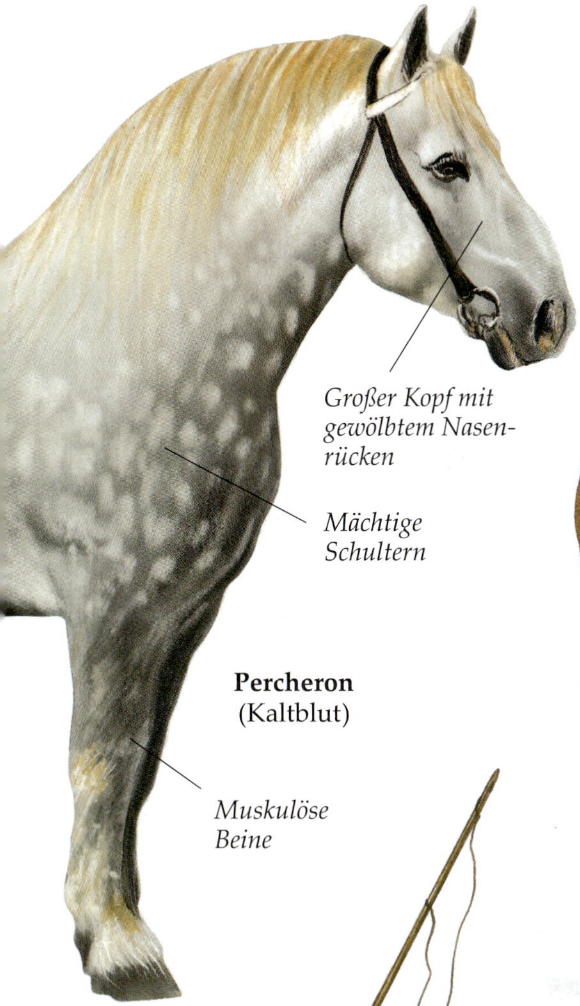

Pferde von heute
So sehen die modernen Pferde heute aus: links ein schweres Arbeitspferd (Kaltblut), unten ein leichtes Reitpferd (Warmblut) und ein Pony. Ponys gehören zu der Gruppe der leichten Pferde. Durch die Zucht ist es heute sogar möglich Rasse, Größe und Farbe eines Pferdes vorherzubestimmen.

Die Anfänge der Pferdezucht
Diese ägyptische Darstellung ist ein Hinweis darauf, dass Pferde schon vor 4000–5000 Jahren vor den Wagen gespannt wurden. Seit dem dritten Jahrtausend vor unserer Zeitrechnung ist die Pferdezucht auch in Europa nachweisbar. Aus Vorderasien ist sogar eine Zuchtvorschrift für Streitwagenpferde bekannt, die um 1350 v. Chr. verfasst wurde.

Cowboys der Antike
Wie dieser mongolische Reiter heute, so fingen Menschen schon vor Tausenden von Jahren die Pferde der mongolischen Steppe.

Verwandte des Pferdes

Die Welt der Lebewesen wird von den Wissenschaftlern in bestimmte Gruppen eingeteilt. So gibt es zum Beispiel den Stamm der Wirbeltiere mit der Klasse der Säugetiere und verschiedenen anderen Klassen wie Vögel oder Fische. Zu den Säugetieren zählt auch die Familie der Pferde. Unser Hauspferd, das man heute in über 200 Rassen unterteilt, ist nur eine Art der Pferdefamilie (Equidae). Zu dieser Familie zählt man noch weitere Arten wie zum Beispiel Halbesel, Wildesel und Zebras. Die Bedeutung des Esels steht weit hinter der des Pferdes zurück. Damit geschieht ihm allerdings Unrecht, denn Esel sind die besseren Kletterer und außerdem auf steinigen Pfaden geschickter und ausdauernder. Nach Auffassung von Verhaltensforschern sind sie auch alles andere als dumm. Als ehemaliges Wüstentier braucht der Esel weniger Nahrung als Pferde und kann trotzdem schwerere Lasten tragen. Als Zug- und Lasttier war der Esel, vor allem das Maultier, seit jeher beliebter als das Pferd. Im Gegensatz zu Pferd und Esel ist das Zebra schwieriger abzurichten. Obwohl man versuchte Zebras zu zähmen, sind sie nie zu Haustieren geworden.

Zeichnung des Fells am Rücken eines Zebras

Schwergewicht
Mit einer Höhe von bis zu 1,60 m und einem Gewicht von über 400 kg ist das Grevy-Zebra die größte aller Zebraarten. Sein Verbreitungsgebiet ist das nordöstliche Afrika.

Dreschflegel
In den Mittelmeerländern werden Esel noch heute als Arbeitstiere benutzt, beispielsweise zum Dreschen des Korns. Die Esel werden im Kreis geführt und sie treten mit ihren Hufen die Körner aus den Ähren.

Maulesel
Größe meist wie die der Eselmutter

Gegenüberstellung
Ein Maulesel ist das Ergebnis einer Kreuzung zwischen Pferdehengst und Eselstute, beim Maultier oder Muli ist es umgekehrt. In der Antike galten Maultiere mehr als Pferde. Für sie wurde der dreifache Wert eines Pferdes bezahlt. Selbst die Könige Israels ritten auf ihnen.

Maultier
Größe:
140–160 cm

Querverbindungen
Zebras, Pferde und Esel kann man miteinander kreuzen, jedoch sind die Nachkommen dieser Verbindungen unfruchtbar. Das Tier in der Abbildung rechts ist ein Pferdezebroid, eine Kreuzung zwischen Pferd und Zebra.

Pferdezebroid
Größe:
140–150 cm

Verwandte unter sich
Das Zebra, der Halb- oder Pferdeesel und der Hausesel gehören zu der Familie der Pferde. Es gibt auch verschiedene Eselrassen, jedoch nicht so viele wie Pferderassen.

Zebra
Größe:
130–160 cm

Zebras werden mit braunen Streifen geboren, die allmählich schwarz werden.

Hausesel

Der Hausesel wird 120 bis 140 cm groß.

Halbesel
Größe:
130–150 cm

Im Dienst des Menschen

In der Vergangenheit wurden Königreiche erobert, aufgebaut und zerstört. Ohne Pferde wäre dies unmöglich gewesen. 300 Jahre v. Chr. entwickelten die Perser ein Kommunikationssystem, das aus einem Netz von Pferdedepots bestand. Sie regierten damit ihr gewaltiges Reich. Im 12. Jahrhundert ritten die Kuriere des Mongolenherrschers Dschingis Khan von Station zu Station und legten dabei 242 km pro Tag zurück. Dieses System, sagte man, sei so sicher, dass eine „Jungfrau mit einer Kiste voll Gold" gefahrlos das ganze Mongolenreich durchqueren konnte, wenn sie nur das Siegel des Khans trug. Viele abenteuerliche Geschichten gibt es auch über den amerikanischen Pony-Express. Junge Reiter beförderten Post von Missouri bis an die Westküste Amerikas und legten dabei 3164 km zurück. Einen Rekord stellte der Reiter Bob Haslam 1861 auf. Er schaffte eine Teilstrecke von 193 km in acht Stunden und legte eine Gesamtstrecke von 612 km mit gebrochenem Kiefer und einer Schusswunde im Arm zurück.

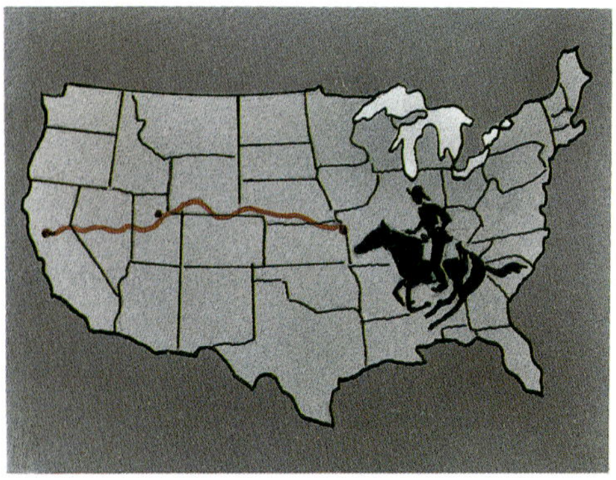

Pony-Express-Route
Von St. Joseph in Missouri bis nach San Francisco in Kalifornien legten die Reiter 3164 Kilometer zurück.

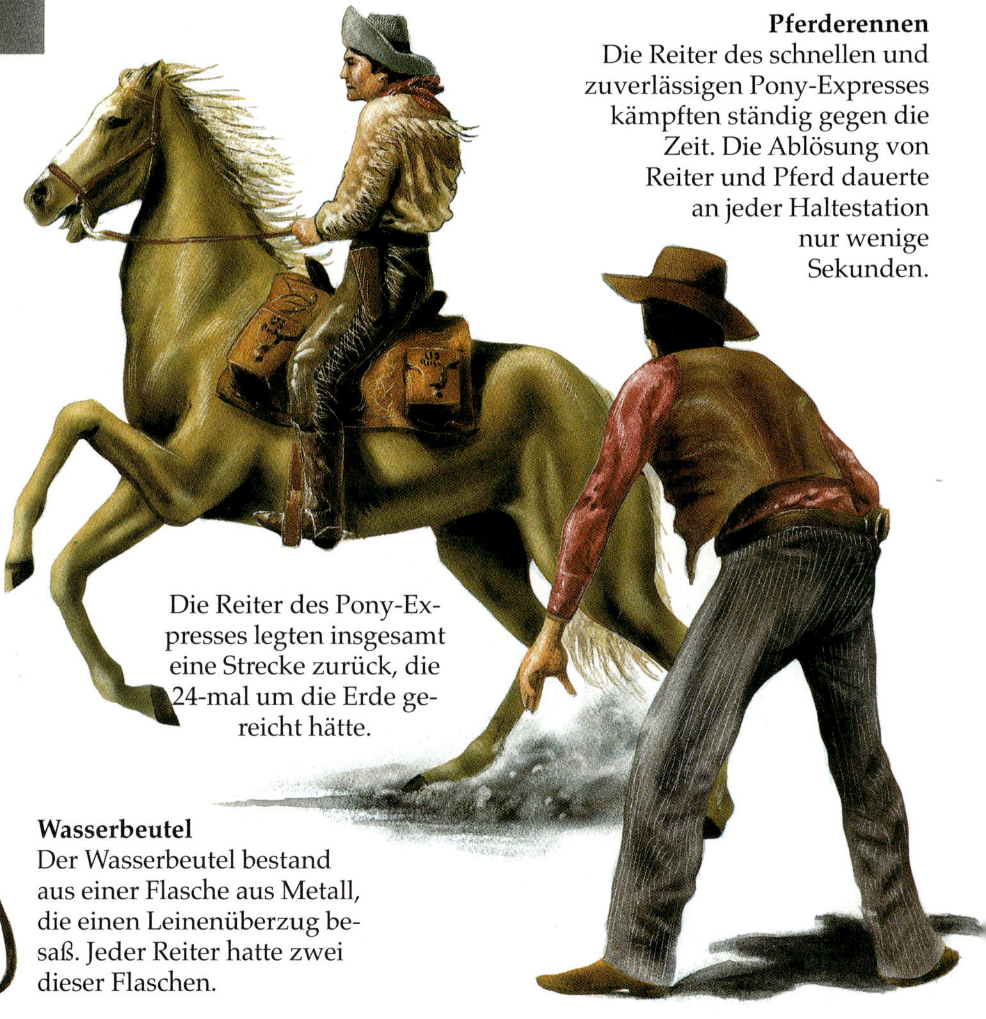

Pferderennen
Die Reiter des schnellen und zuverlässigen Pony-Expresses kämpften ständig gegen die Zeit. Die Ablösung von Reiter und Pferd dauerte an jeder Haltestation nur wenige Sekunden.

Verschlossen
Mochila nannte man die lederne Satteldecke mit den abschließbaren Taschen. Hierin wurde die Post befördert.

Die Reiter des Pony-Expresses legten insgesamt eine Strecke zurück, die 24-mal um die Erde gereicht hätte.

Wasserbeutel
Der Wasserbeutel bestand aus einer Flasche aus Metall, die einen Leinenüberzug besaß. Jeder Reiter hatte zwei dieser Flaschen.

Shire-Horse

Arbeitseinsatz
Im Laufe seiner Geschichte gab es unzählige Einsatzmöglichkeiten für das Pferd. Die wohl häufigste Verwendung fand es aber in der Landwirtschaft als Zug- und Lasttier. Pferde wie dieses riesenhafte Shire-Horse waren bis zum Zweiten Weltkrieg ein wichtiger Teil der englischen Landwirtschaft.

Gut Holz
Ähnliche Sättel wie diesen tibetanischen Holzsattel aus dem 18. Jahrhundert benutzten die Reiter des Dschingis Khan.

Wilde Horden
Die mongolischen Reiter benutzten Ponys, die sehr zäh und robust waren. Die Horden Dschingis Khans waren über 150 000 Mann stark und diese führten circa 300 000 Pferde mit sich.

An seinem Sattel musste der Cowboy alles unterbringen, was er für seine Arbeit bei einem monatelangen Treck brauchte.

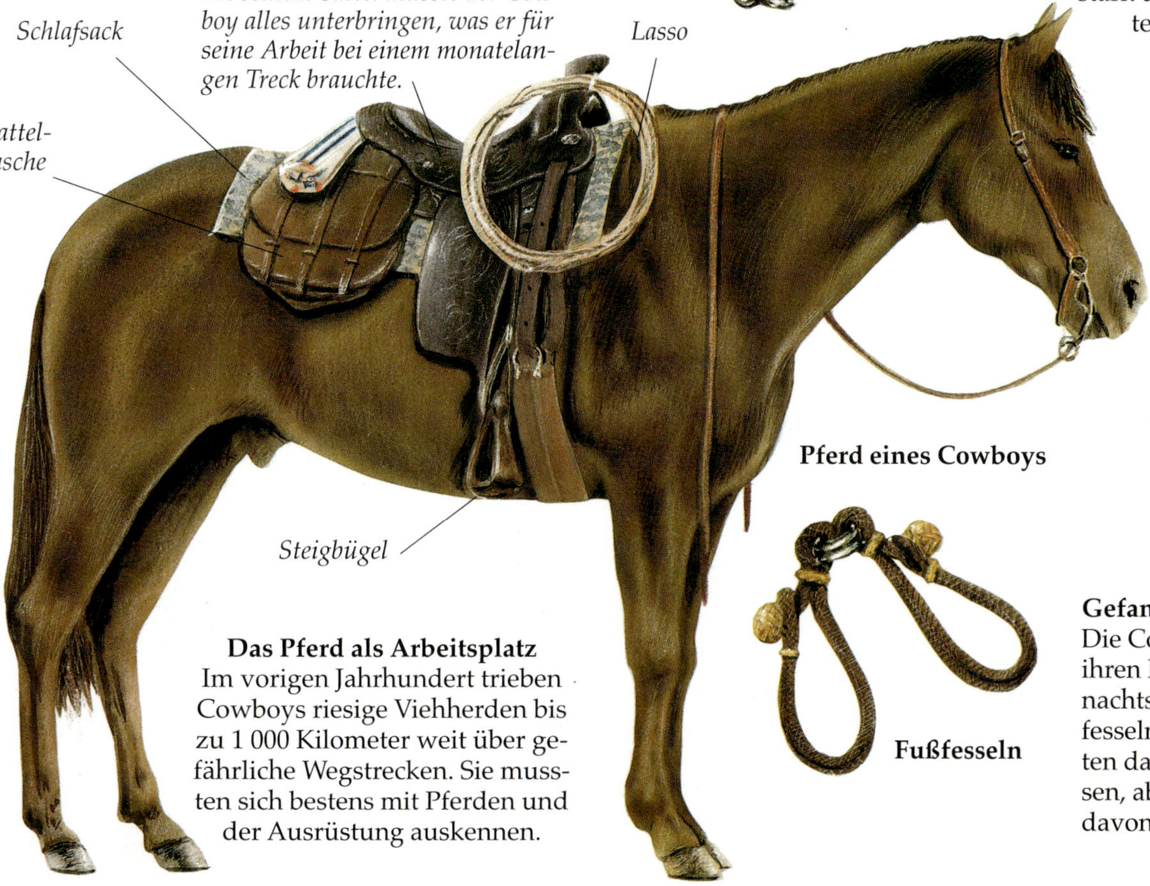

Pferd eines Cowboys

Lasso
Das Lasso bestand aus geflochtenem Hanf und war meist um 10 m lang.

Das Pferd als Arbeitsplatz
Im vorigen Jahrhundert trieben Cowboys riesige Viehherden bis zu 1 000 Kilometer weit über gefährliche Wegstrecken. Sie mussten sich bestens mit Pferden und der Ausrüstung auskennen.

Fußfesseln

Gefangen
Die Cowboys legten ihren Pferden nachts solche Fußfesseln an. Sie konnten damit noch grasen, aber nicht davonlaufen.

Schlachtrösser und Militärpferde

Seit den frühen Tagen ihrer Zähmung wurden Pferde auch in Kriegen eingesetzt. Das persische Reich wurde 600 v. Chr. zur mächtigsten Militärmacht der westlichen Welt. Den größten Teil ihres Erfolges verdankten die Perser ihren Pferden, die speziell dafür gezüchtet waren schwere Waffen und Rüstungen zu tragen. Mit schweren Rüstungen waren auch die Pferde der Ritter im Mittelalter versehen. Nicht nur der Reiter, sondern auch das Pferd war gepanzert, und das ergab oft ein zusätzliches Gewicht von über 80 kg für das Pferd. Berittene Truppenteile nennt man Kavallerie. In dieser Bezeichnung findet man das Wort caballus wieder, das im lateinischen Namen für das reitbare Pferd „Equus caballus" enthalten ist. Echte Kavallerie-Einheiten sind heute selten. Durch den traditionellen militärischen Reitsport gibt es aber immer noch Pferde in den Armeen, die an Wettkämpfen oder festlichen Paraden teilnehmen.

Reiterstandbild
Eine Statuette aus Bronze, die einen berittenen Krieger aus der Zeit um 550 v. Chr. darstellt.

Krähenfüße
Solch stachelige Fußangeln benutzte man um 1500 zur Feindabwehr. Die Stacheln waren nur ein paar Zentimeter lang, konnten aber Pferde kampfunfähig machen.

Turnierlanze

Ein Rundhelm, wie ihn auch die Kreuzritter benutzten

Die Turnierlanzen waren aus Holz und zumeist hohl, damit sie beim Aufprall schneller brachen.

Sternantrieb
Die Abbildung zeigt ein mittelalterliches Spornrad. Der Reiter stieß damit sein Pferd in die Flanken um es anzutreiben.

Lanzenkampf
Bis zum 17. Jahrhundert gab es Ritterturniere. Das ist ein ritterlicher Zweikampf, der in Frankreich entstanden ist. Bis zum 12. Jahrhundert war das „Stechzeug" noch scharf. Danach wurde es verboten und man benutzte nur noch stumpfe Schwerter und Lanzen.

Typische Haube beim Yabusame-Wettbewerb

Exotischer Reiter
Auch die Japaner hatten Ritter. Dies ist ein berittener Samurai aus dem 15. Jahrhundert.

Die herkömmlichen Waffen des japanischen Reiters waren Pfeil und Bogen.

Panzerangriff
Ein sowjetischer Kavallerist aus dem 2. Weltkrieg. Die Soldaten wagten es sogar, mit den Pferden Panzer anzugreifen.

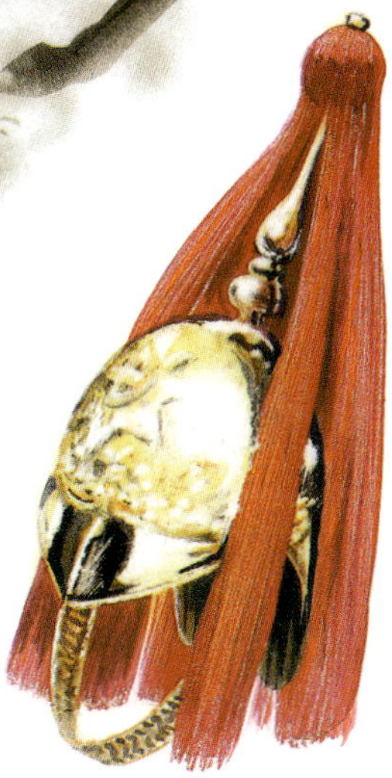

Blitzblank
Helm eines Reiters der königlichen Truppen von Elizabeth II. von England

Ein Plastikvisier schützt Gesicht und Augen des Pferdes vor Verletzungen.

Kette zum Anbinden des Pferdes

Dieser Brustriemen ist ein Stück traditioneller militärischer Ausrüstung. Er verhindert das Verrutschen des Sattels nach hinten.

Das typische Pferd der Londoner Polizei ist der „Hunter".

Umsichtig
Das heutige Umweltbewusstsein unterstützt den zunehmenden Einsatz von Pferden bei der Polizeiarbeit, da sie keine Schäden in Parks, Wäldern oder auf öffentlichen Wegen verursachen. Ein Polizist zu Pferd ist Spaziergängern auch oft sympathischer als ein Polizist auf einem Motorrad. Die Pferde werden einem intensiven Training unterzogen, damit sie auch schwierigen Verkehrsbedingungen standhalten. Vor allem in England spielt die berittene Polizei eine wichtige Rolle.

Der umweltfreundlichste Motor der Welt

Was hätten die Menschen ohne die Pferde gemacht? Landwirtschaft und Industrie waren seit jeher auf die Hilfe des Pferdes angewiesen. Zwischen 1890 und 1900 gab es allein auf Londons Straßen 300 000 Pferde. Ob sie nun Post beförderten oder in Pferdebahnen Passagierwaggons zogen, Pferde arbeiteten wirtschaftlicher und billiger als dampfbetriebene Maschinen. In der ersten Hälfte des 20. Jahrhunderts wurde das Pferd aber durch die Motorisierung in den Industrieländern verdrängt. Nur noch die Maßeinheit für Motorenleistung, die man in Pferdestärken (PS) misst, erinnert an die Arbeitskraft der Pferde. Obwohl das Pferd in den letzten Jahrzehnten weniger geschätzt wurde, gewinnt es heute wieder an Bedeutung. Der Raubbau an den Wäldern und andere Umweltprobleme bringen das Pferd wieder zum Einsatz.

Rollendes Gefängnis
In solchen Polizeiwagen, gezogen von Pferden, wurden im vorigen Jahrhundert Gefangene transportiert und ins Gefängnis gebracht.

Futterbeutel
Für Zugpferde benutzt man häufig solch einen Futterbeutel. Er ist ganz nützlich, da sich das Pferd selbst bedienen kann.

Heu
Es ist das Grundnahrungsmittel der Pferde. Heu enthält viele Ballaststoffe und ist umweltfreundlicher als Benzin.

Körnerfutter
Hafer und Gerste versorgen das Pferd mit Energie, aber hinterlassen keine giftigen Abgase in der Luft.

Kanalarbeiter
Ein Treidelpferd bei der Arbeit. Bereits zur Römerzeit zogen Pferde Getreideschiffe flussaufwärts. In Holland werden noch heute Boote auf den Kanälen von Pferden gezogen. Der Ausdruck Treidelpferd hat aber nichts mit Getreide zu tun. Es bedeutet ein Schiff vom Ufer aus mit einer Leine (Treidel) ziehen.

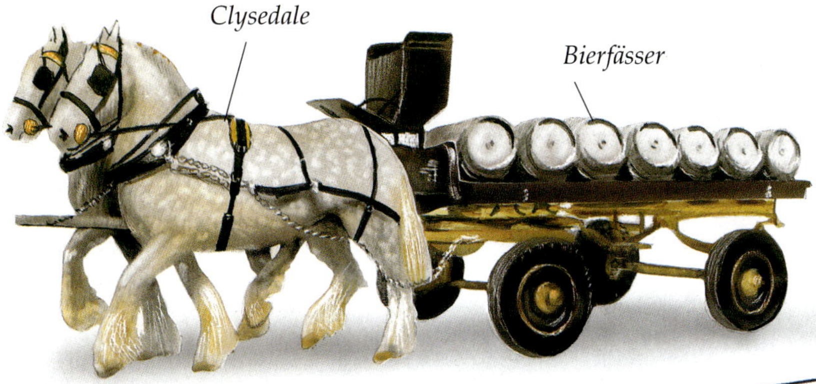

Brauereipferde
Zum Ende des 18. Jahrhunderts wurden Pferde in Brauereien zum Biertransport und Antreiben der Malzmühlen und Wasserpumpen eingesetzt. Noch heute kann man diese Sehenswürdigkeiten in London bewundern, wo es auch eine jährliche Pferdewagenparade gibt.

Pferdestärken
Die Kraftleistung eines Motors wurde bis vor kurzem in PS gemessen. 1 PS ist die Kraft, die nötig ist, um 75 kg in 1 Sekunde 1 Meter hochzuheben. Tatsächlich ist die Kraft eines Pferdes größer.

Shire-Horse

Das Shire-Horse ist eines der stärksten Tiere, die es gibt. Es hat eine Widerristhöhe von 185 cm und ist damit die größte erzüchtete Pferderasse der Welt.

Dieses Zuggeschirr nennt man Kummet. Es wurde ursprünglich in China erfunden.

Koloss bei der Arbeit
Pferde, die in der Forstwirtschaft eingesetzt werden, nennt man Rückepferde. In unwegsamem Gelände, wo keine Maschinen eingesetzt werden können, schleppen sie manchmal bis zu Tonnen schwere Baumstämme. In vielen Teilen Europas hat der Lastentransport mit dem Pferd in Wald und Flur zugunsten der Umwelt gesiegt.

Leben in der Natur

Leider nimmt der Bestand an wirklich frei lebenden Wildpferden immer mehr ab, teils weil sie domestiziert oder gejagt werden, teils weil ihr Lebensraum immer mehr eingeengt wird. Die meisten Wildpferdrassen, wie der australische Brumby oder der amerikanische Mustang (Bronco), sind allerdings keine echten Wildpferde, sondern verwilderte Nachkommen entlaufener Hauspferde. Als die spanischen Eroberer Hauspferde von Europa nach Amerika mitbrachten, sind viele Pferde entlaufen, weil sie ihre Reiter im Kampf verloren hatten. Die Tiere begannen dann ein Leben in freier Wildbahn. Diese Pferde waren die ersten Mustangs, deren Name sich wahrscheinlich vom spanischen „Mesteno", das heißt herrenlos, streunendes Tier, ableitet. Herden von verwilderten Hauspferden kann man überall auf der Welt finden. Es gibt sie in der südamerikanischen Pampa ebenso wie in den Steppen Zentralasiens oder im australischen Busch. Wildgestüte gibt es in der Camargue in Frankreich, in Schottland, Island, in Skandinavien und auch in Deutschland (Dülmen / Westf.).

Pferdeinvasion
Die spanischen Eroberer oder Konquistadoren brachten im 16. Jahrhundert wieder Pferde nach Amerika.

Erscheinungsbild
Mustangs gibt es in vielen verschiedenen Farben. Ihr Aussehen ist daher sehr uneinheitlich.

Wilder Bronco
Der Mustang wird auch Bronco genannt. Er ist der Stammvater des Western-Horse. Das Pferd ist sehr hart, genügsam und ausdauernd. Es besitzt ein hervorragendes Galoppiervermögen.

Mustangs
Die amerikanischen Mustangs sind wild lebende Pferde. Sie sind in den Prärien und Wüstengebieten des Westens beheimatet. Ein vor wenigen Jahren erlassenes Naturschutzgesetz rettete die letzten Exemplare vor dem Aussterben.

Heimatgebiet
Die wilden Nachkommen der spanischen Pferde leben in den westlichen Staaten der USA, vorwiegend in Wyoming und Nevada.

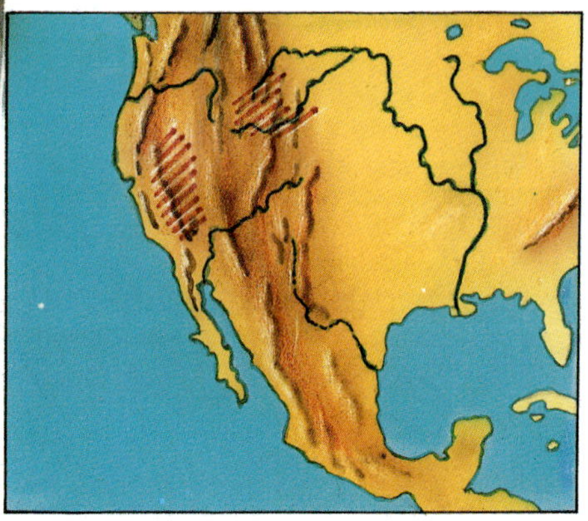

Im Rhone-Delta
Seit über 1 000 Jahren leben halb wilde Pferde in der französischen Camargue. Im Sumpfboden des Rhone-Deltas kommen sie mit ihren breiten Hufen gut zurecht. Es sind mittelgroße, kräftige Tiere mit spanisch-maurischem Bluteinfluss.

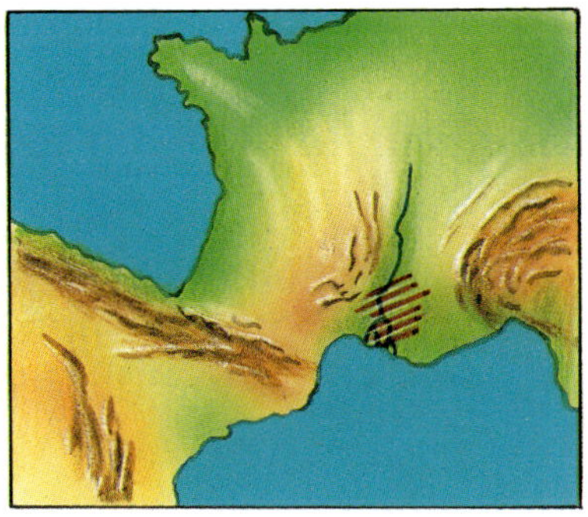

Heimatgebiet der halb wilden Pferde in der Camargue

Heimat der Dülmener Pferde

Mutter und Kind
Im Meerfelder Bruch bei Dülmen in Westfalen leben seit dem 13. Jahrhundert die Dülmener Pferde, eine halbwilde Ponyrasse.

Eine Familie in Freiheit

Wildpferde sind an ein hartes Leben in der freien Natur angepasst. Sie müssen im Sommer schattenlose Hitze und im Winter eisige Kälte ertragen. Seit jeher als Herdentiere daran gewöhnt in Gruppen zu leben, haben Pferde ein reiches Sozialleben. Der kleinste Verband ist die Familie, die sich aus einem Hengst und mehreren Stuten zusammensetzt. Hier leben auch die männlichen und weiblichen Fohlen, die, wenn sie zu Junghengsten und Stuten herangewachsen sind, vom Vater, dem Leithengst, verjagt werden. Die Leitstute ist das ranghöchste weibliche Tier. Das Verhalten der Ein- und Unterordnung ist allen Pferden angeboren. An einer Wasserstelle, an der nicht alle gleichzeitig trinken können, kann man das genau beobachten: Während der Hengst Wache hält, trinkt die Leitstute mit ihrem Fohlen zuerst. Das Prinzip von Führen und Gehorchen wird zur Sicherheit der Familie immer befolgt. Bei Gefahr kennt der Hengst nur eines: alle seine Stuten zu retten. Bleibt ein schwaches Fohlen zurück, so duldet der Hengst es nicht, dass die Mutter sich vom Rudel trennt um es zu beschützen.

Leithengst
Das Vaterpferd eines Familienverbandes lebt in ständiger Wachsamkeit. Der Leithengst ist unumschränkter Herrscher und Beschützer seiner Familie.

Flucht bei Gefahr
Bei Gefahr warnt der Leithengst sein Rudel und die Leitstute führt die fliehenden Pferde an. Der Leithengst deckt den Rückzug und folgt immer als Letzter nach.

Entfernter Verwandter
Der australische Brumby ist mit dem amerikanischen Mustang verwandt. Diese Buschpferde stammen von den verwahrlosten Reitpferden der Goldgräber des 19. Jahrhunderts ab. Das raue Klima und die australische Umwelt bewirkten eine rigorose Auswahl.

Kampfhaltung
Zunächst versucht der Hengst mit Drohgebärden seinen Gegner zu vertreiben. Ein wirklicher Kampf wird oft vermieden.

Ringen um die Vorherrschaft
Hier kämpfen Wildpferde um ein Wasserloch. Normalerweise halten sich die Familien in ihren abgegrenzten Revieren auf. Nur wenn die Nahrung oder das Wasser knapp werden, kann es zu Streitigkeiten kommen. Es geht aber in der Regel nur darum, wer zuerst an die Reihe kommt.

Harte Freiheitsbedingungen
Das Ausdehnen menschlicher Zivilisation schränkte den Lebensraum frei lebender Pferde immer mehr ein. Sie mussten sich an ein genügsames Leben in kargen Prärielandschaften mit hartem Steppengras und felsigen Hügeln gewöhnen.

Gefahrensignal
Mit aufgestellten Ohren und erhobenem Kopf hat der Hengst eine Gefahr gewittert und warnt seine Genossen eindringlich.

Familienzusammenschluss
Die Wildpferdherden in Amerika bestehen aus einzelnen Familienverbänden, die sich zu einer Herde zusammengeschlossen haben. Früher umfassten solche Herden noch Tausende von Pferden. Heute sind die größten Herden nur noch zwischen 60 und 150 Tiere groß.

Ablauf der Generationen

Wenn Stuten ihre Fohlen zur Welt bringen, sondern sie sich vom Familienverband ab. Nach ein paar Tagen führen sie dann die Neugeborenen der Familie zu. Die Fohlen leben während der ersten Zeit nur von Muttermilch. Nach etwa drei bis vier Monaten beginnen sie dann auch Gras zu fressen. Der Frühling ist die Zeit der Paarung und der Fohlengeburten. Etwa elf Monate hat die Stute ihr Fohlen im Leib getragen. So kommt es, dass alle Fohlen einer Herde fast zur gleichen Zeit geboren werden. In ihrem ersten Lebensjahr nennt man die Jungtiere noch Fohlen, danach Jährlinge. Mit etwa drei bis vier Jahren, wenn die Pferde geschlechtsreif sind, spricht man von Jungstuten bzw. Junghengsten. Spätestens jetzt verlassen die Junghengste ihre elterliche Herde. In der freien Natur geschieht das bei den Jungstuten noch früher. Sie schließen sich dann einem anderen Rudel an oder werden von einem anderen Hengst geholt. Bevor die Junghengste ihre eigene Familie gründen, leben sie häufig mit anderen Junghengsten in eigenen Rudeln zusammen.

Trächtige Stute
Dies ist eine hochträchtige Vollblutstute. Die Tragzeit dauert normalerweise 336 Tage, also etwas mehr als elf Monate.

Neugeboren: Nach der Geburt kleben noch Reste der Eihaut (Fruchtblase) an dem Fohlen.

Das Licht der Welt
Oft kommen Fohlen ohne weitere Schwierigkeiten und ohne menschliche Hilfe zur Welt. Die Stute frisst die Reste der Eihaut und leckt das Fohlen sauber. Das Geburtsgewicht beträgt durchschnittlich zwischen acht und zwölf Prozent des Körpergewichts der Mutter.

Frühaufsteher
Innerhalb kürzester Zeit stehen die Fohlen bereits auf den Beinen und versuchen an das Euter der Mutter zu gelangen. Einige schaffen das schon nach wenigen Minuten.

Milchbar
Mit seinem Instinkt schafft es das Fohlen, schon kurz nach seiner Geburt das Euter der Mutter zu finden. Die erste Milch ist dickflüssig und hellgrün bis gelb. Erst später wird sie dünner und weiß.

Kein Honigschlecken
Kurz vor der Geburt wird an den Zitzen eine harzähnliche Flüssigkeit abgesondert.

Flaschenkind
Manchmal bekommt ein Fohlen auch die Flasche, wenn die Mutter nicht genügend Milch hat oder das Fohlen verwaist ist.

Diese Haltung ist für Fohlen nicht ungewöhnlich.

Schlafmütze
Fohlen brauchen viel Schlaf. Während erwachsene Tiere nur kurze Zeit im Liegen schlafen, können Fohlen sich stundenlang auf diese Weise die Zeit vertreiben.

Auch jedes Junghengstrudel hat seinen Anführer.

Club der Halbstarken
In ihrer Jugendzeit bilden Junghengste eigene Rudel und verbinden sich zu richtigen Halbstarkenbanden. Hier können sie spielerisch für ihr späteres Leben als Leithengst einer Familie trainieren.

Ring- und Rangkämpfe

Auch Junghengstrudel haben bereits einen Leithengst. Er führt das Rudel an, wenn andere Familienverbände es belästigen, um beispielsweise eine Jungstute zu entführen. Oft fordert der junge Leithengst einen mächtigen Familienvater heraus. Ernsthafte Kämpfe werden aber meist durch ein festgelegtes Drohverhalten vermieden. Manchmal gelingt es zwei Leithengsten eine Stute zu rauben. Während einer der beiden den Leithengst der Familie herausfordert und mit Drohgebärden oder Kampf beschäftigt, treibt der andere eine Stute weg. Wenn es in einem Gebiet viel Nahrung und Wasser gibt, schließen sich einzelne Familienverbände oft zu einer Herde zusammen. Die Familien bleiben aber immer eng zusammen und mischen sich nicht untereinander. Mit einer größeren Herde ziehen auch immer Junghengstrudel umher. Sie verursachen häufig Unruhe und belästigen die anderen Familien. Sie gehören nach den Herdenregeln an die äußere Flanke einer Herde.

Verlierer
Die Kopfhaltung signalisiert, dass dieser Hengst sich unterlegen fühlt.

Juckreiz
Wenn Pferde sich auf dem Boden wälzen, ist das kein unterwürfiges Verhalten. Es dient der Körperpflege und entspannt die Muskeln.

Früh übt sich …

Wilde Gesellen
Junge Fohlen lernen schon sehr früh im spielerischen Umgang mit ihren Artgenossen einen Gegner zu beeindrucken oder gar zu unterwerfen. Das Durchsetzungsvermögen und die Kraft bestimmen den späteren Rang in der Herde. Das gilt für männliche wie für weibliche Tiere.

Hengstkampf
Bei solchen Gefechten geht es meist darum einen fremden Hengst zu vertreiben, der einem anderen Hengst das Revier oder das Rudel streitig machen will. Allein umherziehende Hengste stellen eine ständige Gefahr für Leithengste dar.

Scheingefecht
Zwei Junghengste proben den Ernstfall. Um den Gegner nicht zu verletzen schwingen sie ihre scharfen Hufe beim Steigen nicht gegeneinander, sondern lassen sie gebeugt. Die junge Stute sieht dem Geschehen gelassen zu.

Sieger
Dieser Mustang verteidigt erfolgreich sein Revier. Das Kämpfen um die Vorherrschaft gehört zum normalen Verhalten der Hengste.

Drohgebärde
Mit entblößten Schneidezähnen schüchtert das Pferd seinen Gegner ein und droht, zu beißen.

Ende eines Kampfes
Wenn zwei Hengste sich Kopf an Kopf gegenseitig in die Nüstern blasen und den Boden mit den Hufen schlagen, ist der Kampf meist vorbei. Der schwächere Hengst zieht dann ab. So kann es vorkommen, dass ein Hengst seine Familie verliert.

Diese beiden Hengste haben ihren Kampf beendet.

Ausdrucks- und Verhaltensweisen

Pferde werden von ihrem tief verinnerlichten Instinkt gelenkt. Sie haben hoch entwickelte Sinne, die sie zur Verständigung mit ihren Artgenossen verwenden. Und sie bedienen sich ihrer eigenen Sprache, die vom Menschen erlernt werden kann. Pferde sind von Natur aus friedfertig. Sie haben zwar Zähne, mit denen sie kräftig zubeißen können, und Beine, mit denen sie knochenbrechende Schläge austeilen können, aber Pferde greifen in den seltensten Fällen an. Sie sind durch ihren Instinkt festgelegt ihre Rettung in der Flucht zu suchen. Selbst das Fressverhalten ist darauf eingerichtet, dass Pferde ständig fluchtbereit sind. Ihr kleiner Magen kann nicht sehr viel fassen und durch das Umhergehen beim Grasen sind ihre Muskeln ständig gut durchblutet. Das ermöglicht bei drohender Gefahr jederzeit einen schnellen Spurt.

Begrüßung
Zwei Pferde begrüßen sich. Zuerst berühren sie sich sanft mit den Nüstern und ziehen den Atem des anderen ein. Später beschnuppern sie sich oft am ganzen Körper.

Gegenseitige Fellpflege befreit die Pferde auch von Ungeziefer und Parasiten.

Spielgefährten
Die Stute rollt sich wonniglich auf dem Boden. Dies ist kein Unterwerfungsverhalten, sondern Ausdruck reinsten Vergnügens.

Beim Trab in der Reihe wird auch die Reihenfolge eingehalten.

Im Gänsemarsch
Eine interessante Verhaltensweise ist das Wandern im Gänsemarsch hinter dem Anführer einer Gruppe, wenn die Pferde beispielsweise von der Futterstelle zum Schlafplatz wechseln. Dieses Verhalten stammt aus längst vergangener Zeit, als die Urpferdchen sich noch ihren Weg durch das enge Unterholz tropischer Wälder bahnen mussten.

Ruhepause
Für Pferde gibt es mehrere Phasen des Ausruhens. In dieser Bauchlage rasten sie für gewöhnlich bis zu zwei Stunden am Tag.

Fellpflege
Wild lebende Pferde sind aufeinander angewiesen. In der gegenseitigen Pflege drückt sich auch das kameradschaftliche Verhältnis der Pferde zueinander aus.

Dartmoor-Ponys
Sie leben seit dem 11. Jahrhundert im gleichnamigen englischen Moor.

Riechen
Um sich mit dem Geruchssinn in die Ferne zu orientieren, wird der Kopf erhoben. So kann das Pferd seine Witterung aufnehmen.

Dieses Pferd wittert eine drohende Gefahr.

Hals, Nase und Ohren

Zwischen allen Angehörigen einer Pferdegruppe werden ständig Signale ausgetauscht, die die anderen Gruppenmitglieder über Stimmungen, Aktivitäten, Ranghöhe und Absichten der einzelnen Tiere informieren. Wichtigstes Verständigungsmittel ist dabei nicht die Stimme. Vielmehr werden die Signale durch die Haltung des Körpers ausgedrückt und vom Partner optisch erfasst. Die Ausdrucksmittel sind Kopf, Ohren, Nüstern- und Maulpartie sowie der Schweif. Wichtigster Stimmungsanzeiger des Pferdes sind die Ohren, deren Stellung sehr deutlich zeigt, wie das Tier gerade aufgelegt ist. Für einen Betrachter weniger auffällig ist dagegen die Verständigung der Pferde mit ihren Nüstern und dem Maul.

Wut oder Furcht

Aufmerksames Interesse

Ohrensprache
Bei allen Angehörigen der Pferdefamilie signalisieren die Ohren die jeweilige Stimmung des Tieres.

Unsicherheit

Das Imponiergehabe ist nur für Hengste typisch.

Anmache
Mit seinem Imponiergehabe versucht dieser Araberhengst einen Rivalen oder eine Stute, die sich gerade in der Nachbarkoppel befindet, zu beeindrucken.

Fresslust oder Müdigkeit?
Verschiedene Verhaltens- und Ausdrucksweisen sind oft einander ähnlich. Zu ihrer Unterscheidung bedarf es genauer Beobachtung. Dieser Hengst wiehert nicht noch will er zubeißen. Er ist einfach müde und gähnt.

Abweisung eines Störenfrieds
„Geh weg", signalisiert das linke Pferd dem rechten. Es legt dabei drohend die Ohren an und zieht angriffslustig die Nüstern hoch.

Schwingungsinstinkt
Man vermutet, dass Pferde nicht nur mit den Ohren hören können, sondern dass sie auch in der Lage sind Schwingungen des Bodens mit ihren Füßen wahrzunehmen. Dabei zeigen sie oft eine verunsicherte Haltung wie dieses Pferd.

Geruchssinn
Das Riechvermögen der Pferde liegt etwa zwischen dem des Menschen und dem des Hundes. Pferde beriechen einfach alles, was ihnen vor die Nase kommt. Am Geruch von Kot oder Urin können sie sich gegenseitig erkennen.

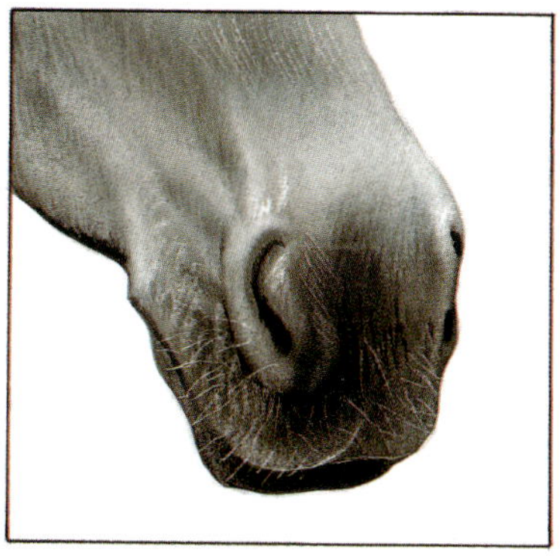

Bei Drohgebärden sind die Nüstern des Pferdes zusammengezogen.

Erdstöße und andere Schwingungen aus großer Entfernung werden von Pferden über die Füße wahrgenommen.

Anatomie des Pferdes

Wenn über Pferde gesprochen wird, tauchen immer wieder Begriffe und Bezeichnungen für Körperbau, Art, Charakter und Zustand eines Pferdes auf. Früher, als der Umgang mit Pferden noch alltäglich war, gehörten die Begriffe noch zum gewohnten Wortschatz. Heute sollte man als Reiter und Pferdefreund das Gebäude oder Exterieur, das sind die Fachausdrücke für den Körperbau bzw. für das äußere Erscheinungsbild des Pferdes, genau kennen. Die Einteilung in die verschiedenen Merkmale des Pferdekörpers nennt man Nomenklatur. Um den Wert eines Pferdes beurteilen zu können ist es gut zu wissen, wie die jeweiligen Körperpartien heißen und wo sie sich befinden. Will man zum Beispiel die Eignung eines Pferdes zum Springen einschätzen, so sollte man darauf achten, dass die Fesseln nicht zu kurz sind, und sich die übrige Nomenklatur genau ansehen.

Der Pferdekörper
Am Beispiel dieses amerikanischen Trabers werden die wichtigsten Körperteile und Gliedmaßen eines Pferdes dargestellt.

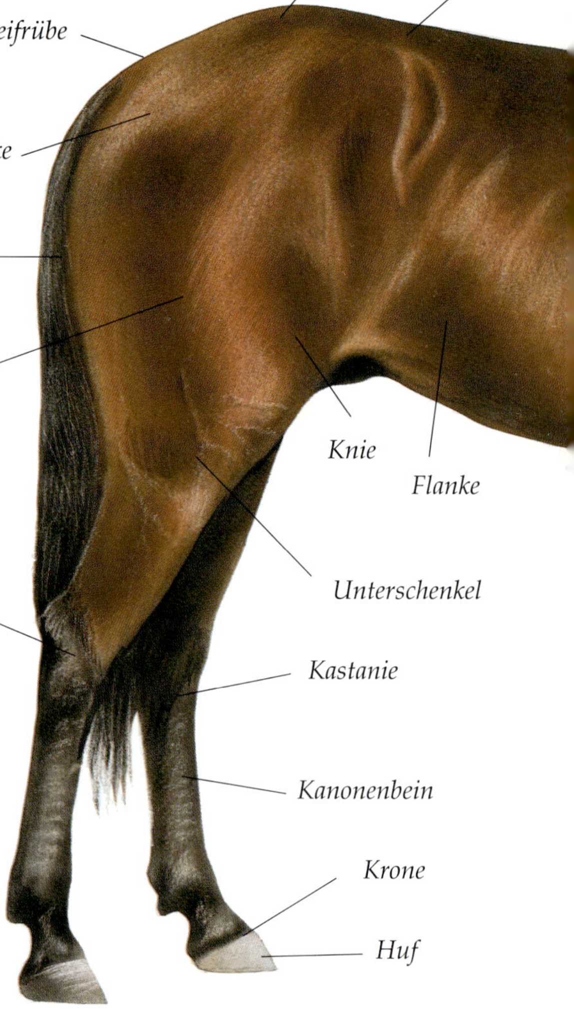

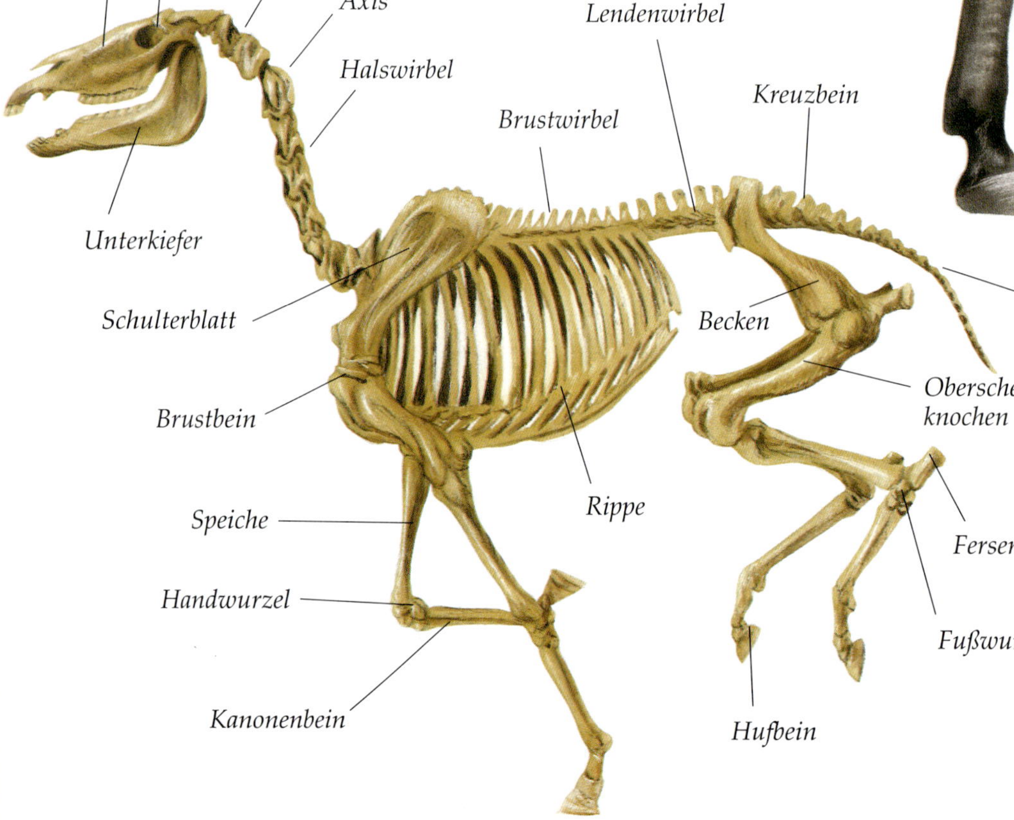

Das Skelett des Pferdes
Der Körperbau ist bei den meisten Pferden auf Schnelligkeit ausgerichtet. Feste elastische Bänder verbinden die schlanken Knochen und sorgen für besondere Beweglichkeit. Die schweren Knochen eines Zugpferdes dienen als Stütze für die massige Muskulatur.

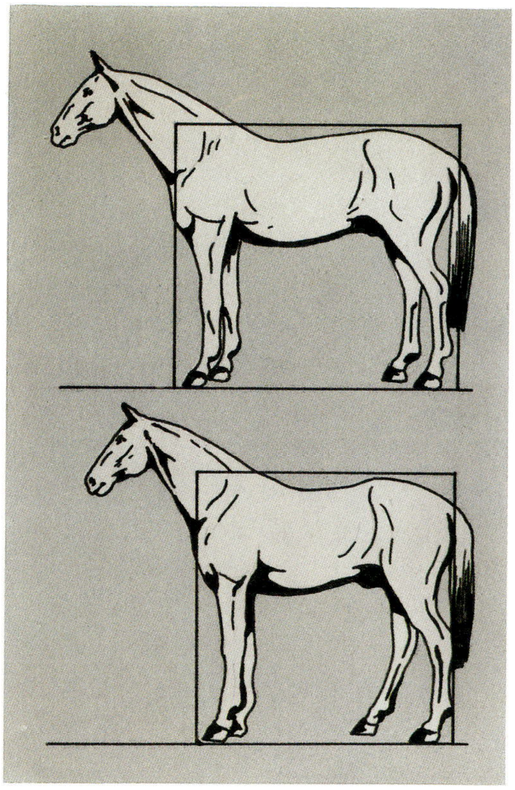

Pferdeformat
Oben: ein langrechteckiges Pferd
Unten: ein quadratisches Pferd

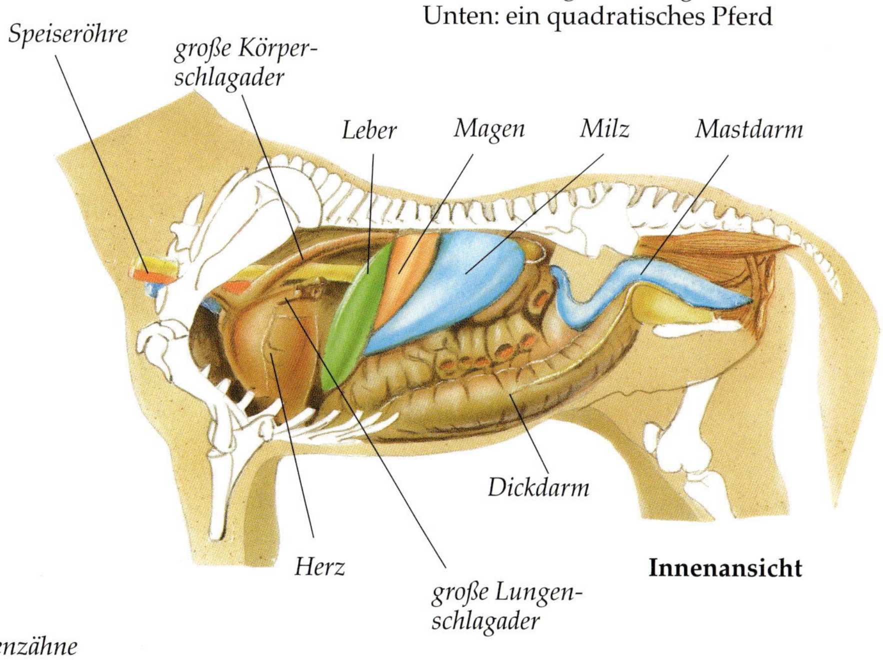

Innenansicht

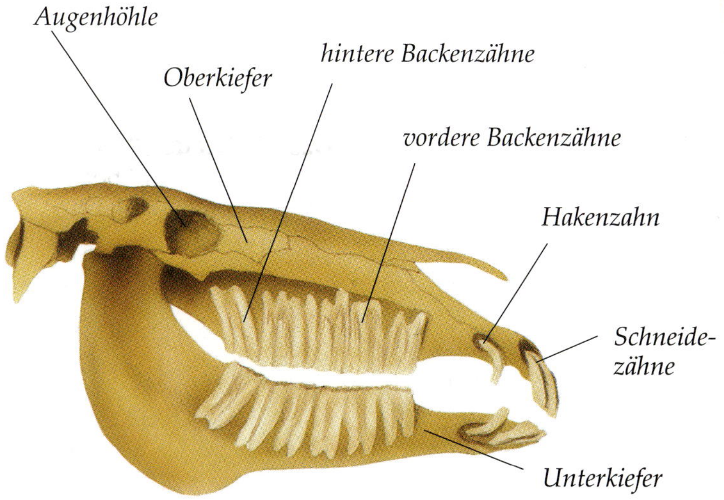

Pferdeschädel
Der Längsschnitt veranschaulicht das Gebiss mit den Backen- oder Mahlzähnen sowie den Schneidezähnen. Jeder Kiefer besitzt zwölf Backen- und sechs Schneidezähne. Zur Altersbestimmung dienen die Schneidezähne. Hakenzähne gibt es nur bei männlichen Pferden.

Farben und Abzeichen

Ursprünglich passte sich zur besseren Tarnung die Fellfarbe des Wildpferdes der Farbigkeit seines Lebensraumes an. So wurde die Aufmerksamkeit der Raubtiere abgelenkt. Als die Pferde dann später zu Hauspferden gemacht wurden (Domestikation), wurde das Erbgut ganz verschiedener Pferde in sehr kurzer Zeit miteinander vermischt. Dies ergab eine erstaunliche Vielfalt von Farben und Zeichnungen, vom tiefsten Lackschwarz bis zum reinen Weiß (Schimmel). Ein Schimmel ist ein Tier mit weiß grundigem Deckhaar, das allerdings bei der Geburt nicht gleich sichtbar ist, sondern erst mit zunehmendem Alter erscheint. Dazwischen gibt es viele braune und rote Schattierungen: gescheckt, gesprenkelt, mit heller oder dunkler Mähne. Die verschieden geformten Abzeichen im Gesicht der Pferde tragen Namen wie Schnippe, Stern oder Blesse und auch die Abzeichen an den Beinen haben je nach Größe eigene Namen.

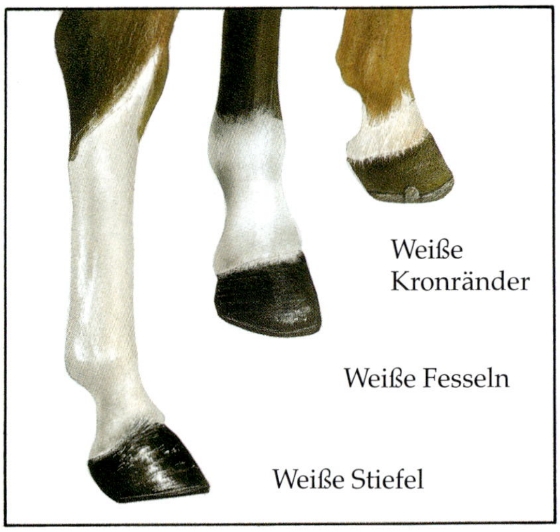

Abzeichen an Pferdebeinen

Fuchs

Verschiedene Rotbrauntöne in heller bis dunkler Ausprägung. Die Mähne und der Schweif sind von gleicher Farbe oder heller.

Bestehen Zweifel über die Farbe eines Pferdes, dann sind für die Zuordnung die Schutzhaare an Augenlidern und Nüstern ausschlaggebend.

Grauschimmel

Die Weißzeichnung am ganzen Körper tritt nur auf, wenn wenigstens ein Elternteil ein Schimmel ist. Sie werden, von Albinos abgesehen, dunkel geboren. Das Fell wird im Laufe der Zeit dann hell.

Goldisabell

Goldisabellen besitzen ein goldbraunes Fell mit weißer Mähne und weißem Schweif. Andere Isabellarten tragen Schweif und Mähne in der Farbe ihres Felles.

Stern

Laterne

Strich

Schnippe

durchgehende Blesse

Abzeichen
Das sind angeborene weiße Stellen an Kopf und Beinen. Die Haut darunter ist unpigmentiert, oder es sind Wirbel, die durch das Aufeinandertreffen von Haaren verschiedener Wuchsrichtungen entstanden sind. Diese Merkmale im Haarkleid sind unveränderlich und zur Identifizierung der Pferde gut geeignet.

Der Rappschimmel trägt hellgraue Flecken auf einem dunkelgrauen Fell, das bei Geburt dunkel ist und später heller wird.

Rappschimmel

Der Braune besitzt ein braunes Fell und schwarzes Langhaar. Die Beine haben oft weiße Abzeichen. Es kommen auch rötlichbraune Schattierungen vor.

Brauner

Das Fell des Schecken setzt sich aus Weiß und einer anderen Grundfarbe zusammen. Je nachdem wird er auch Pinto, Rotschecke oder Schwarzschecke genannt.

Rappe

Der Rappe hat ein schwarzes Fell und Langhaar. Weiße Abzeichen sind möglich.

Schecke

Vielfalt der Rassen

Alle Hauspferde sind Angehörige derselben Art, so verschieden sie auch in Aussehen und Temperament erscheinen. Durch Züchtung erzielte der Mensch schon sehr früh unterschiedliche Rassen, die in Körperbau und Temperament besonderen Aufgaben angepasst waren. Generationenlang wurden Voll- und Warmblüter untereinander oder mit Kaltblütern gekreuzt. Eine ungeheure Vielfalt entstand. Man erhielt zunehmend leistungsfähigere Pferde für Spezialzwecke mit unterschiedlichen Erscheinungsbildern. Es gibt verschiedene Kopf-, Hals- und Rückenformen, die für die einzelnen Rassen charakteristisch sind. So erkennt man beispielsweise ein Kaltblutpferd nicht nur an seinem stämmigen Körper, ein häufiges Rassemerkmal ist auch seine Ramsnase, eine Aufwölbung der unteren Nasenprofillinie.

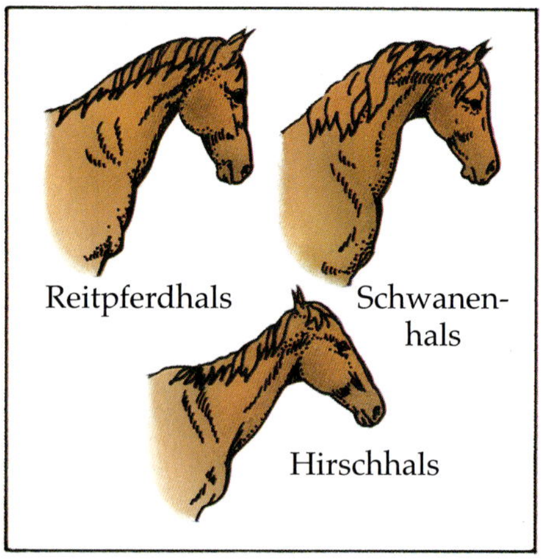

Halsformen
Bei der idealen Halsform eines Reitpferdes bildet das Genick den höchsten Punkt. Der Hals sollte nicht zu lang, nicht zu dick und an der Oberseite gut bemuskelt sein.

Gerader Kopf

Der gerade Kopf ist die angestrebte Standardform für moderne Sportpferde.

Ramsnase

Die Ramsnase ist ein häufiges Rassemerkmal bei Kaltblutpferden.

Kopfformen
Die Kopfform eines Pferdes wird in der modernen Zucht vorwiegend nach ästhetischen Kriterien beurteilt.

Der Noriker ist ein süddeutsches Kaltblut von circa 160 cm Größe. Farbe: überwiegend Brauner oder Fuchs, seltener Tiger, Schecke oder Schimmel.

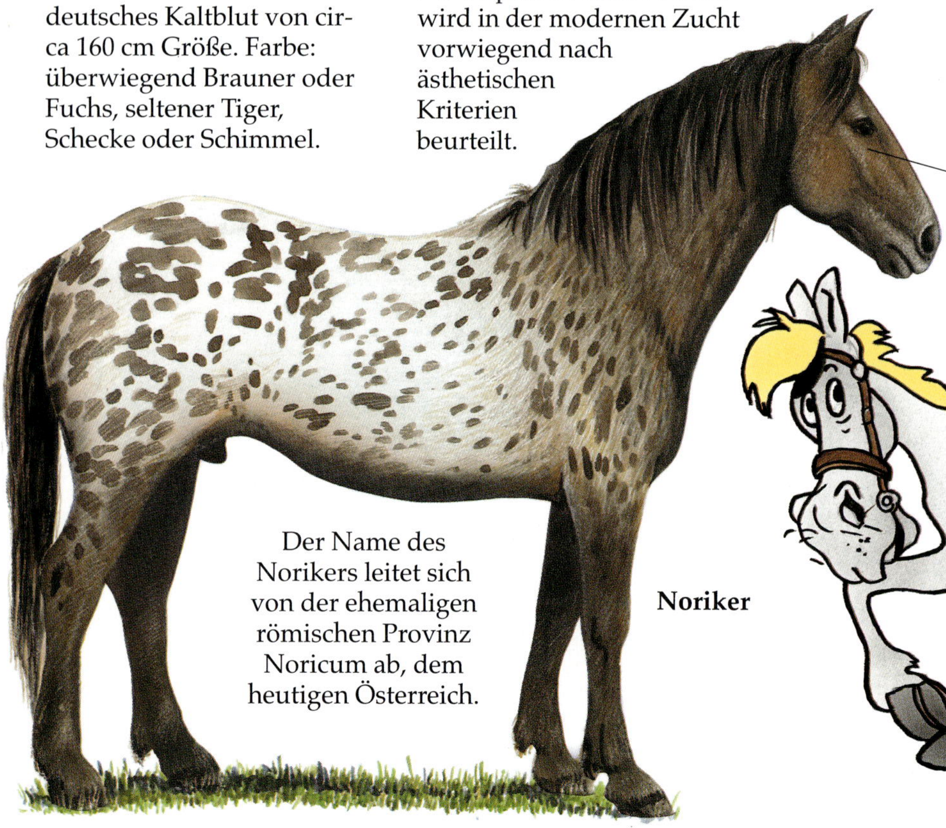

Ein Pferdekenner kann unter Einbeziehung der Augen aus der Kopfform auch Rückschlüsse auf den Charakter des Tieres ziehen.

Noriker

Der Name des Norikers leitet sich von der ehemaligen römischen Provinz Noricum ab, dem heutigen Österreich.

Keilkopf

Gerader Rücken
Stabile Sattellage und elastische Tragkraft

Senkrücken
Fehlende Tragkraft, zum Reiten nicht geeignet

Karpfenrücken
Keine schwingende Wirbelsäule, zum Reiten ungeeignet

Der Keilkopf ist geprägt von einem breiten Ansatz und einer spitz zulaufenden Maulpartie. Er war früher in der Trakehnerzucht sehr häufig zu finden.

Ramskopf

Der Ramskopf war früher ein auffälliges Rassemerkmal des Berbers und des Andalusiers. Er ist gekennzeichnet durch eine konvexe Aufwölbung der gesamten Profillinie von der Stirn bis zur Nase.

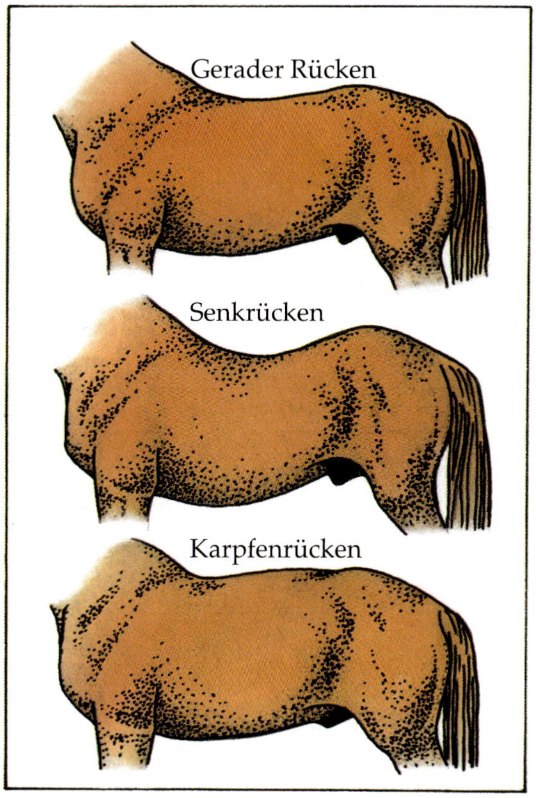

Rückenformen

Berber

Der Berber ist ein iberisch-orientalisches Edelpferd von 150 bis 160 cm Größe. Farbe: oftmals ein Schimmel, aber auch als Brauner, Fuchs oder Rappe zu finden.

Der in Nordafrika beheimatete Berber stammt vom urzeitlichen Ramskopfpferd ab.

Horizontale Kruppe

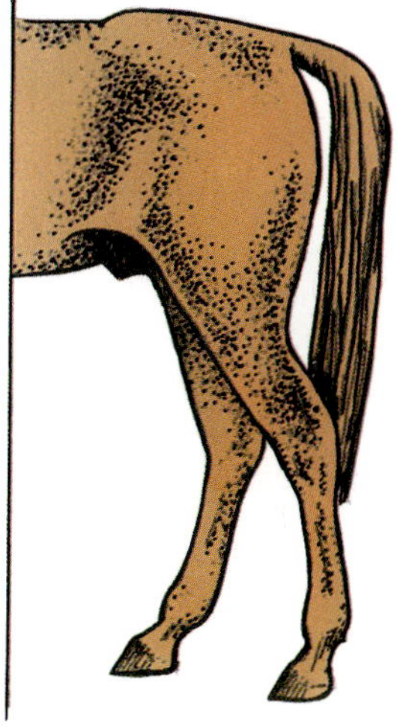

Schräge Kruppe

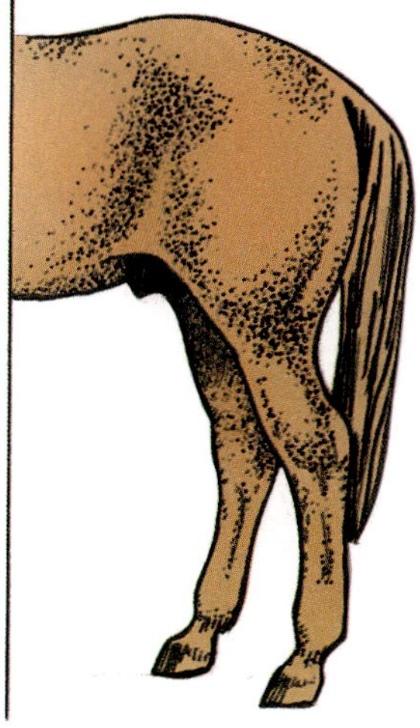

Abschüssige Kruppe

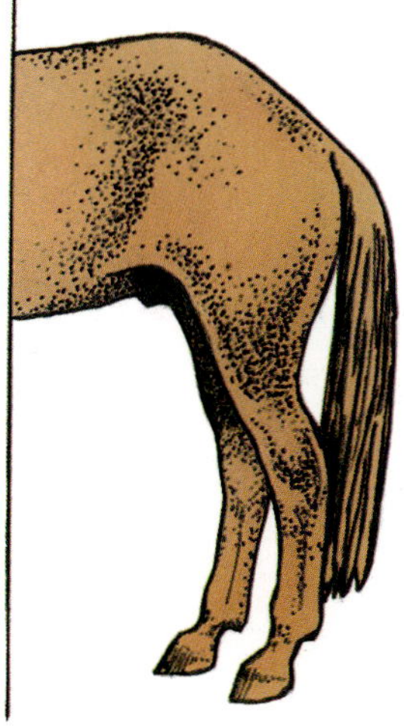

Kruppenformen
Horizontale Kruppe: Die Schubkraft ist ausgeprägter als die Tragkraft; vorteilhaft für flachen, gestreckten Galopp.
Schräge Kruppe: Schub- und Tragkraft sind ausgewogen; Standardform für moderne Sportpferde.
Abschüssige Kruppe: Die Tragkraft ist ausgeprägter als die Schubkraft; befähigt zu schwerem Zug.

Pferde von reinem Geblüt

Man unterscheidet Vollblut-, Warmblut- und Kaltblutpferde, wobei diese Bezeichnungen nichts mit der Bluttemperatur zu tun haben. Es ist der Versuch, das Temperament und die Sensibilität der jeweiligen Rasse zu beschreiben. Als Vollblut bezeichnet man ein feuriges, schnellfüßiges Trab- und Galopp-Pferd mit sensiblem Charakter. Alle Vollblutpferde gehen auf das arabische Vollblut zurück, eine 1500 Jahre alte bodenständige Zuchtrasse der südlichen Wüstenregionen. Alle englischen Vollblüter (Rennpferde) stammen ausschließlich von drei orientalischen Hengsten ab und werden seit dem 18. Jahrhundert in einem Zuchtbuch der Rasse geführt, in dem ihre Vorfahren lückenlos verzeichnet sind. Von Warm- oder Halbblut spricht man, wenn mindestens ein Elternteil einer reinen Rasse (Vollblut oder Araber) angehört. Aber eigentlich fallen alle Rassen, die nicht eindeutig als Vollblut, Kaltblut oder Pony einzustufen sind, unter die Kategorie Warmblut. Im Ausland werden sie als Halbblut bezeichnet.

Urahn
Diese alte Darstellung zeigt den Araberhengst Darley Arabian. Der Hengst ist einer der Stammväter der englischen Vollblutzucht.

Haarpracht
Die Mähne und die Haare des Schweifes sind sehr fein und glänzend.

Araber

Der Schweif
Der Schweif wird niemals beschnitten oder getrimmt. In der Bewegung trägt das Pferd ihn erhoben.

Der Kopf
Kurzer, trocken ausgeprägter Kopf mit konkaver Nasenlinie (Hechtkopf). „Trocken" bezeichnet die deutlich hervortretenden, markanten Knochenkonturen. Die Sehnen- und Muskelstränge liegen unter straff anliegender Haut.

Edelrasse
Der Araber gilt allgemein als das edelste Pferd unserer Erde. Er hat auf Grund seiner hohen Vererbungskraft im Zuchtgeschehen und seiner großen Beliebtheit unter Pferdefreunden weltweite Verbreitung gefunden. Viele Pferderassen werden durch ihn veredelt und begründet.

Hinterbeine
Ursprüngliche Schwächen der Hinterhand verschwanden durch vorsichtige Zucht während des letzten Jahrhunderts.

Englisches Vollblut
Alle englischen Vollblüter, das sind heute etwa 750 000 Exemplare, stammen von drei Hengsten ab. Das englische Vollblut ist circa 160 bis 175 cm hoch und es gilt als das wichtigste Rennpferd auf der ganzen Welt.

Byerley Turk
Wahrscheinlich ein Turkmenenhengst, der bei der Belagerung Wiens durch die Türken von einem Holländer erbeutet und von Captain Byerley gekauft wurde.

Darley Arabian
Ein Vollblutaraber, der im Jahr 1706 von Mister Darley in Aleppo, im heutigen Syrien gelegen, erworben wurde.

Godolphin Barb
Ein marokkanischer Berberhengst, der als Geschenk des Sultans zu Ludwig XV. nach Frankreich kam, oft den Besitzer wechselte und schließlich von Lord Godolphin gekauft wurde.

Gesicht
Kennzeichen sind eine breite und lange Stirn, große hervortretende Augen und eine kurze Gesichtspartie mit großen, weit dehnbaren Nüstern.

Hals
Der Hals ist hoch aufgesetzt und gebogen.

Beine
Die Beine sind als trockene, feinknochige Gliedmaßen ausgebildet.

Hufe
Die Hufe sind klein, aber sehr hart.

Kaltblut und Pony
Diese Ardenner Stute und das Fjord-Pferd, ein Pony, sind ebenfalls Pferde von reinem Geblüt. Die Geschichte des Ardenners geht auf das voreiszeitliche Solutre-Wildpferd zurück.

Ponys im Überblick

Als Pony bezeichnet man jene kleinwüchsigen, bodenständigen Pferde der relativ unvermischten Wildpferdtypen der nördlichen Klimazonen. Sie haben ein kompaktes bis massiges Erscheinungsbild und einen starken Knochenbau. Nach internationaler Vereinbarung gilt die Bezeichnung Pony für Pferde jedweder Rasse, deren Widerristhöhe 147,3 cm nicht übersteigt. Dies ist natürlich eine etwas irreführende Definition, da man ein klein geratenes Vollblutpferd dann auch zu den Ponys zählen müsste. Es gibt allerdings viele durch Züchtung entstandene Ponyrassen, die sich nur durch ihre Größe von einem normalen Warmblutpferd unterscheiden. In Deutschland nimmt man zusätzlich eine abweichende, rassetypischere Unterscheidung vor: Als Ponys gelten Tiere mit einem Stockmaß (Widerristhöhe) von maximal 130 cm. Zwischen 130 cm und 148 cm bezeichnet man sie als Kleinpferde und bei einer Höhe von über 148 cm spricht man von Pferden.

Kräftiger Zwerg
Das Shettie gehört mit knapp 80 cm zu den Zwergponys. Es ist aber in der Lage sogar Erwachsene in einem Wagen über längere Strecken zu ziehen.

Fjord-Pferd

Das Fjord-Pferd stammt aus Norwegen. Größe: 133–145 cm. Farbe: nur Falben in allen Schattierungen, meist gelbliche Grundfarbe. Exterieur: mittelgroß, rundlich; kleiner ausdrucksvoller Kopf, kräftiger Hals, Stehmähne. Erkennungszeichen ist der Aalstrich, der sich von der Mähne bis zum Schweif zieht.

Heimat der Nordponys

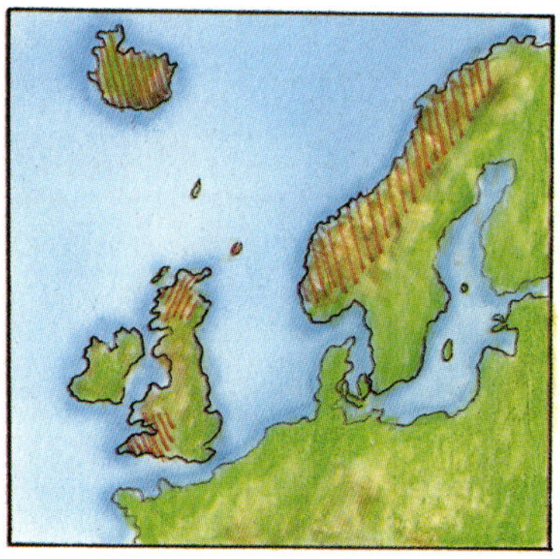

Dartmoor-Pony
Die Heimat des Dartmoor-Ponys, eines idealen, kompakten Kinderponys, ist England.

Das Dartmoor-Pony wurde im Jahr 1012 zum ersten Mal erwähnt.

Island-Pony
Seine Heimat Island hat ihm den Namen gegeben.

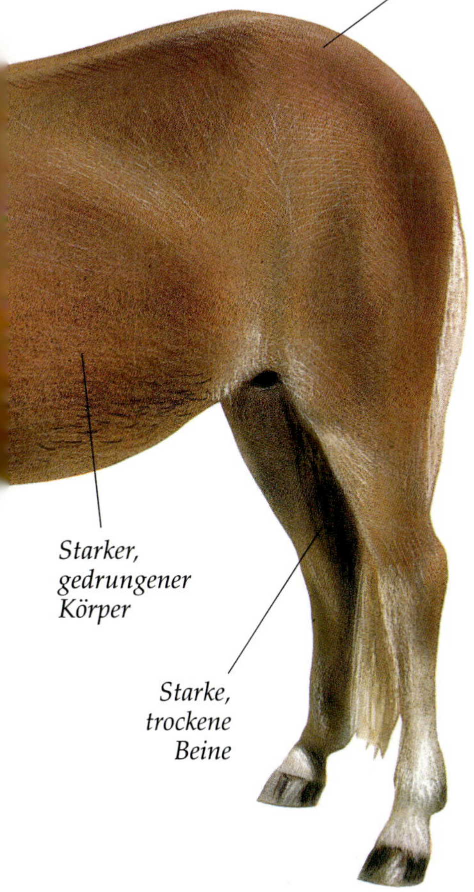

Sumba-Pony

Das Sumba-Pony stammt aus Indonesien. Größe: circa 125 cm. Farbe: Falbe mit Aalstrich, andere Farben sind selten. Exterieur: großer Kopf, kräftiger Körperbau, Stehmähne. Es findet als Last- und Reittier, aber auch als Tanzpferd Verwendung.

Aegidienberger

Das Aegidienberger Pony stammt aus Deutschland. Größe: 140–150 cm. Farbe: Schecken, Rappe, dunkle Farben. Exterieur: hübscher Kopf: mittelgroß, tragfähiger Rücken: üppiges Langhaar: ein ideales, kompaktes Freizeitpferd.

Kaltblüter – Arbeitspferde

Neben dem kleinen Urpony gab es in den kargen Tundrenlandschaften des Nordens noch ein großes, massiges Urwildpferd mit einem schweren Kopf und einem massigen Körper. Die Beine waren kräftig und hatten verhältnismäßig große Hufe. Dieser Urkaltblüter war bis zu 180 cm groß und von ihm stammen wahrscheinlich unsere heutigen Kaltblutpferde ab. Die größte heutige Kaltblutrasse, das englische Shire-Horse, erreicht ein Stockmaß von mehr als 185 cm und kann über eine Tonne wiegen, das sind mehr als zwanzig Zentner. Der Kaltblüter hat meist einen kurzen, dicken Hals, eine dichte Mähne und grobes Langhaar. Die großen Hufe sind von langen Haaren bedeckt. Man spricht vom Kötenbehang, der die Pferde dort vor Entzündungen und Verletzungen schützt. Neben den indischen Elefanten sind die Kaltblutpferde die stärksten Arbeitstiere der Welt.

Das russische Kaltblut stammt aus der Ukraine.

Russisches Kaltblut

Das russische Kaltblut kommt als Fuchs, Brauner oder Fuchsschimmel vor. Exterieur: kleinste Kaltblutrasse, kleiner, trockener Kopf, mächtiger, schön geschwungener Hals; tonniger Rumpf und trockene Gliedmaßen.

Rheinisch-deutsches Kaltblut
Herkunft: Deutschland. Größe: 163–173 cm. Farbe: Füchse, Braune, Braunschimmel. Exterieur: massiges, kompaktes Pferd, enorm kräftig; breiter, schwerer Kopf mit freundlichen Augen; massive Hinterhand mit starker Bemuskelung

Das rheinisch-deutsche Kaltblut ist ein gutmütiges Pferd.

Boulonnais

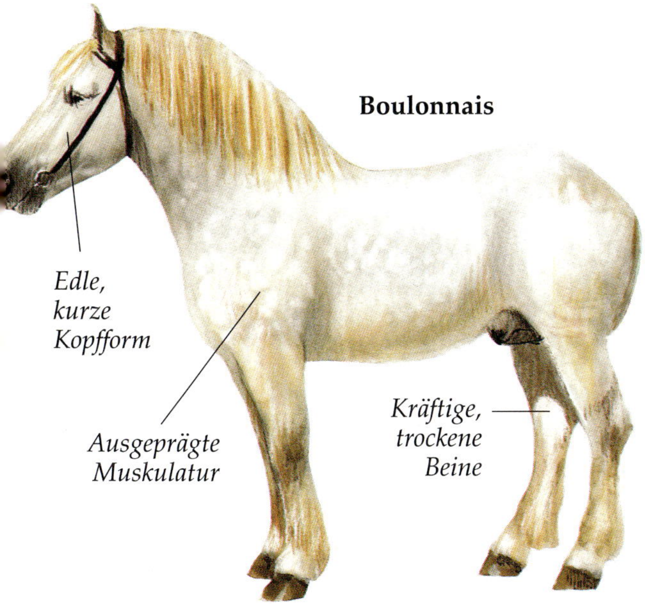

Herkunft: Nordfrankreich. Größe: 155–165 cm. Farbe: meist Schimmel, manchmal Brauner oder Fuchs. Exterieur: harmonisch gebaut, kräftiger Rumpf mit breiter Vor- und Hinterhand; gutmütiger Charakter und lebhaftes Gangvermögen; eine der elegantesten schweren Rassen.

Heimat des Bretonen und Boulonnais
Seinen Ursprung hat das schwere Zugpferd in der französischen Bretagne. Seit dem Mittelalter zählt es zu den geschicktesten Arbeitspferden Europas. Der Boulonnais stammt aus Boulogne im Norden Frankreichs.

Bretone

Der Bretone erreicht eine Größe von 152 bis 163 cm. Farbe: Brauner, Fuchs, Braunschimmel, Rappe.

Shire-Horse
Das Shire-Horse stammt aus England. Größe: 173–195 cm. Farbe: Dunkelbrauner, Rappe, Brauner und Schimmel. Exterieur: mittelgroßer, feiner Kopf mit Ramsnase; kraftvolle Schultern, breite Brust; mächtige Hinterhand und sehr lange Beine; üppiger, seidiger Kötenbehang. Das Shire-Horse wird seit 1760 gezüchtet.

Das Shire-Horse ist das größte Pferd der Welt.

Voll- und Warmblüter

Vollblüter teilt man in drei Kategorien ein: das englische und das arabische Vollblut sowie deren Kreuzungsprodukt, den Angloaraber. Kreuzt man ein Vollblutpferd mit einer anderen Rasse, zum Beispiel mit einem Kaltblut oder einem Pony, so erhält man ein sogenanntes Halbblut- oder Warmblutpferd. Die Bezeichnung Warmblutpferd gibt es nur in Deutschland. International werden alle Kreuzungs- und Mischzuchten als Halbblut bezeichnet. Die Warmblutpferdezucht in der ganzen Welt wäre ohne das Araberpferd undenkbar. Fast alle Warmblutrassen, wie auch viele Pony- und Kaltblutrassen, wurden durch das Einkreuzen von Araberblut verbessert. Alle leicht- bis mittelschweren Reit- und Zugpferdrassen sind Warmblüter. Während für den Trab- und Galopprennsport vorzugsweise Vollblutpferde gezüchtet werden, setzt man im übrigen Reitsport Warmblüter ein, die beispielsweise gute Sprungeigenschaften besitzen. Das Zuchtziel für das deutsche Reitpferd, das heißt die gewünschten Eigenschaften, sind Ausdauer, Kraft, aber auch Schnelligkeit und Eleganz.

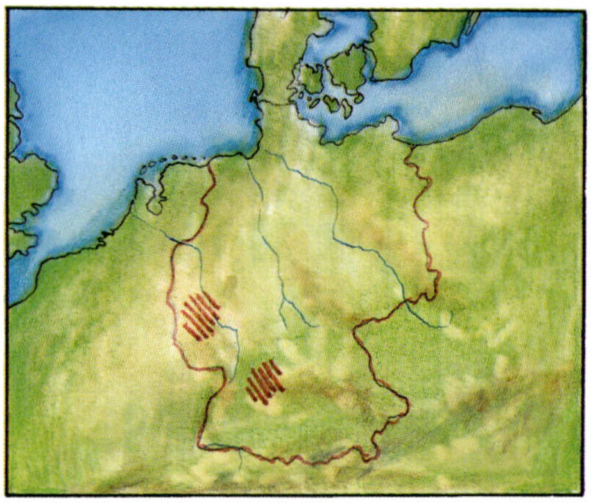

Heimat von Rheinländer und Württemberger

Der Rheinländer wird zwischen 160 und 170 cm groß. Er kommt in allen Grundfarben vor.

Der Lipizzaner stammt aus Lipizza bei Triest. Seine Größe beträgt 153 bis 163 cm. Farbe: meist Schimmel, selten Braune und Rappen.

Lipizzaner

Exterieur des Lipizzaners: ausdrucksvoller Kopf, gut geschwungener, mächtiger Hals, kurze muskulöse Kruppe; kurze, aber klare und kräftige Beine; klassisches Pferd der hohen Schule.

Achal Tekkiner
Der Achal Tekkiner stammt aus Turkmenistan. Größe: 150–160 cm. Farbe: Füchse, Braune, Falben, Schimmel, Rappen. Exterieur: hoch angesetzter, schlanker Hals, feiner, gerader Kopf; trockener, drahtiger Rumpf und ebensolche Gliedmaßen; hochedles Leistungspferd.

Französischer Angloaraber

Rheinisches Warmblut

Württemberger

Der französische Angloaraber wird zwischen 155 und 165 cm groß. Farbe: Fuchs, Brauner, Schimmel. Exterieur: edler Kopf, gut geformter Hals, deutlich markierter Widerrist; gut bemuskelte und gewinkelte Hinterhand; trockene, klare Gelenke; gutes Spring- und Galoppiervermögen. Napoleon bevorzugte Araberhengste als Leibrösser und förderte deren Zucht.

Der aus Deutschland stammende Württemberger wird etwa 163 cm groß.
Farbe: Brauner, Fuchs, Rappe, Dunkelbrauner.
Exterieur: mittelschwerer Warmblüter, ausdrucksvoller Kopf, gerades Profil; gerader Rücken, starkknochige Beine; als Wagen- und als Reitpferd geeignet. Der Württemberger wird seit 1460 gezüchtet.

Die Pferdezucht

Pferde zu züchten und aufzuziehen verlangt eine große Kenntnis. Pferdezüchter können durch die richtige Auswahl der Elterntiere die gewünschten Eigenschaften für die Nachkommen vorausbestimmen. Durch Kreuzung versucht man Pferde zu erhalten, die für spezielle Einsatzgebiete geeignet sind. Viele Kriterien wie Sprungvermögen, Kraft, Mut, Trainierbarkeit, gutes Aussehen, elegante Bewegungen oder Veranlagung für bestimmte Gangarten sind dabei von Bedeutung. Der Deckakt wird von Menschen kontrolliert und muss gut vorbereitet werden. Die Zuchtreife der Pferde beginnt etwa ein bis eineinhalb Jahre nach ihrer Geschlechtsreife.

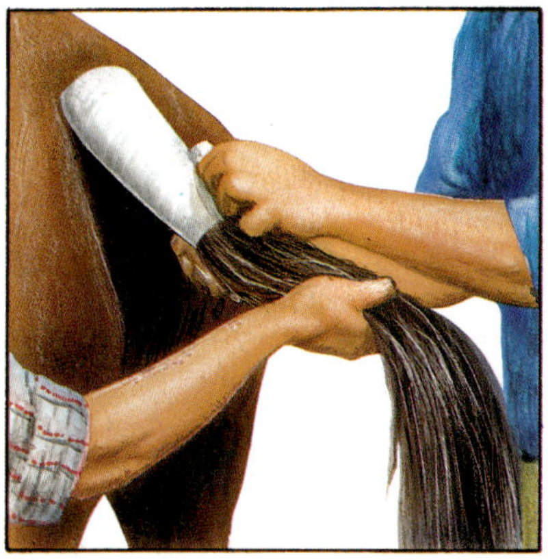

Vorbereitung
Vor dem Decken wird der Schweif der Stute einbandagiert, damit sich die Stute während des Deckens nicht wehtun kann.

Der Stute wird eine Decke auf den Rücken gebunden um Verletzungen zu vermeiden.

Wichtige Hilfe
Während des Deckens muss die Stute von einem Helfer mit einem Führzügel gut festgehalten werden. Der Helfer ist meist ein Gestütsanwärter in Ausbildung.

Rosse
Stuten sind nur alle 21–24 Tage paarungsbereit. Diese Zeit nennt man Rosse. Die Stute reagiert dann besonders hitzig und sondert Schleim aus der Scheide ab.

Hahn im Korb
Deckhengste sind besonders wertvoll und müssen mit viel Sorgfalt gehalten werden. Der Gestütswärter spielt beim Durchführen des Deckaktes eine wichtige Rolle. Denn Sauberkeit und sorgfältige Haltung sind Vorbedingungen für erfolgreiches Decken. Vor dem eigentlichen Deckakt muss mit einem Probierhengst festgestellt werden, ob die Stute überhaupt deckwillig, das heißt paarungsbereit, ist. Der Vorgang des Deckens dauert meist nicht länger als zwei Minuten.

Deckgeschäft
Bei dieser Art des Deckens spricht man vom „Sprung aus der Hand“, da Hengst und Stute an Führzügeln gehalten werden.

Probedurchlauf
Mit Hilfe des Probierhengstes wird auch festgestellt, wie sich die Stute beim Decken wahrscheinlich verhält, so dass man gegebenenfalls entsprechende Sicherheitsmaßnahmen ergreifen kann.

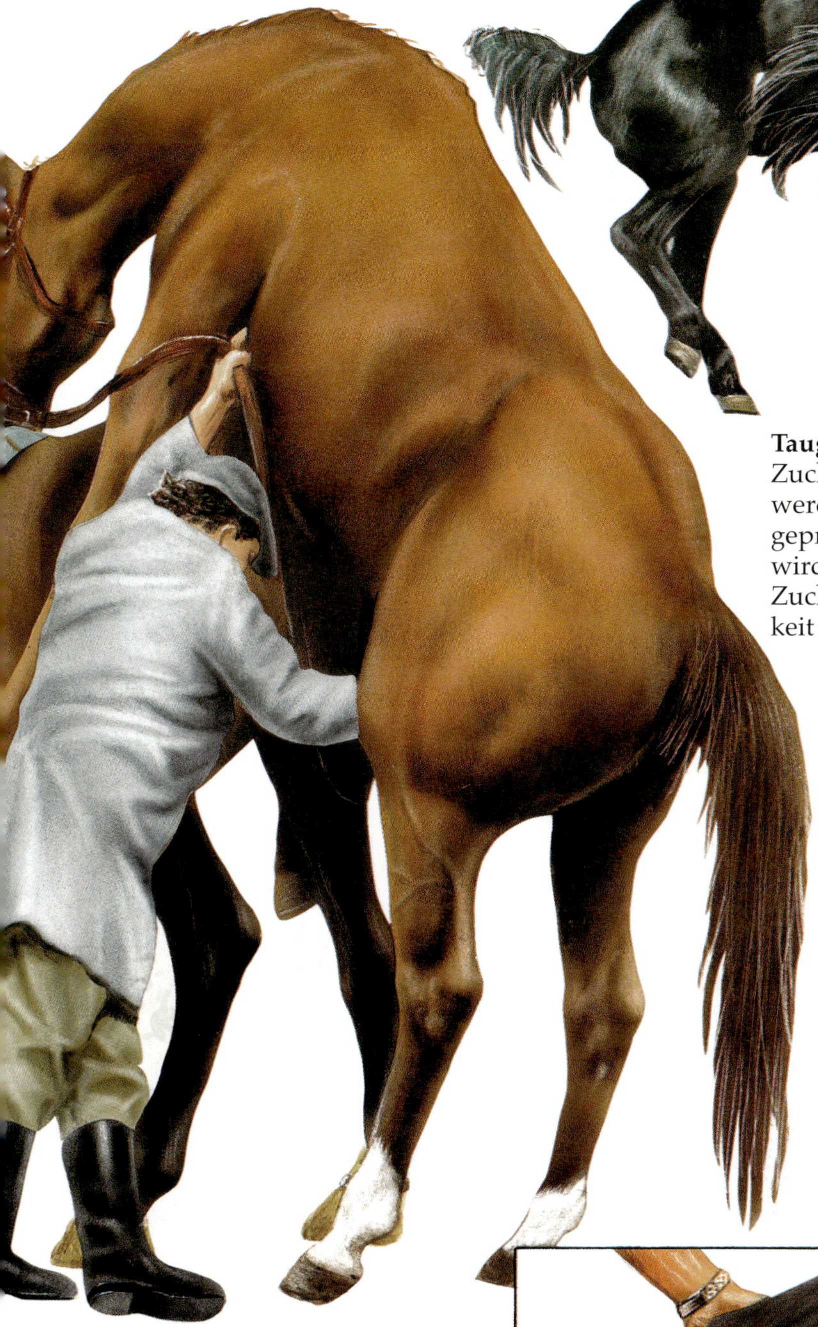

Tauglichkeit
Zuchthengste werden offiziell geprüft und es wird ihnen Zuchttauglichkeit bescheinigt.

Pferdeschuh
Reagiert die Stute aggressiv gegenüber dem Probierhengst, legt man ihr gepolsterte Hufschuhe oder Fesseln an um die Verletzungsgefahr für den Hengst zu mindern.

Zuchtfavorit
Ein andalusischer Zuchthengst in der ihm angeborenen erhabenen Trabaktion. Diese Rasse ist berühmt für ihre hervorragende Rittigkeit, ihre Intelligenz und Gutartigkeit.

Die Pflege der Pferde

Fohlen werden frühzeitig daran gewöhnt, sich anfassen, sich putzen und sich mit einem weichen Fohlenhalfter führen zu lassen. Bevor die Pferde im Alter von etwa drei Jahren eingeritten werden, sollten sie regelmäßig entwurmt, gewogen und an der Leine geführt werden. Entwurmung ist für Pferde im Allgemeinen sehr wichtig, da auf einer Koppel das Gras mit Parasiten und Wurmlarven befallen sein kann. Alle sechs Wochen muss der Hufschmied die Hufe kontrollieren, die ja ständig nachwachsen. Ein im Stall gehaltenes Pferd muss auch jeden Tag geputzt werden. Striegeln und Bürsten fördert die Durchblutung und beugt Parasitenbefall vor.

Pferdepflege
Bei der Pflege eines Pferdes gilt es vieles zu beachten und sie muss sachgerecht und einfühlsam vorgenommen werden.

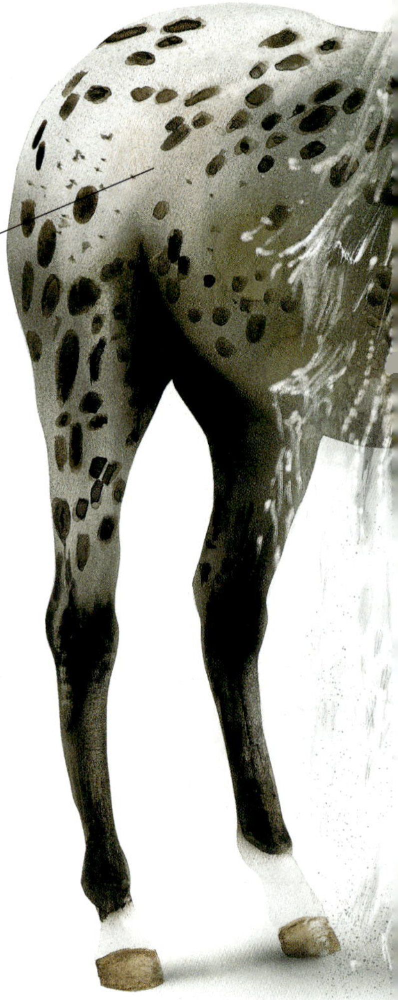

Kardätsche

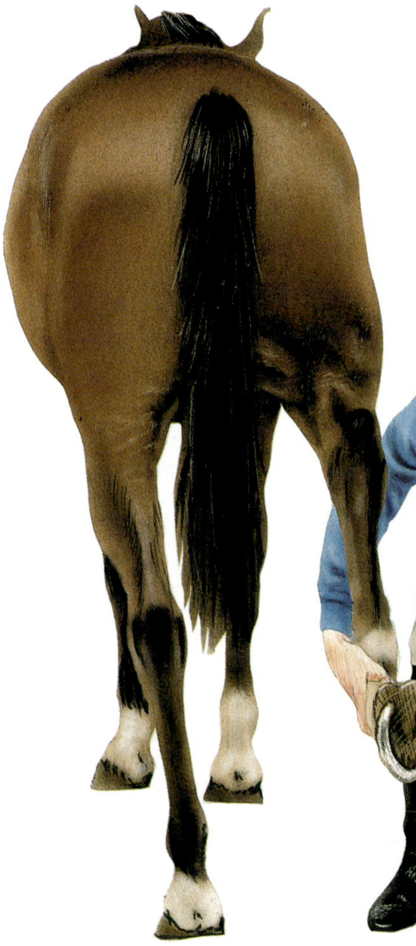

Entspannt
Dieses Pferd bleibt gelassen und es ist entspannt, weil es an den Umgang mit Menschen gewöhnt ist.

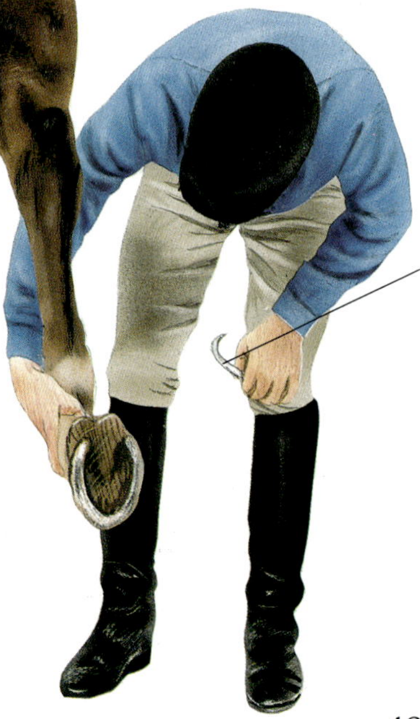

Hufkratzer

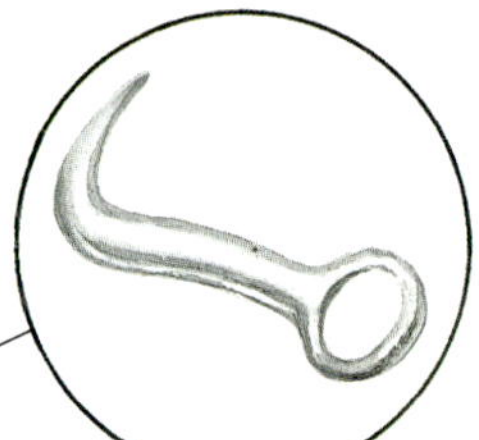

Vorsicht
Auch ein sehr ruhiges Pferd kann sich bei ungewohnten Geräuschen und Ereignissen plötzlich erschrecken, auskeilen und sich losreißen. Deshalb sollte man immer ruhig mit dem Pferd reden, damit es weiß, wo man gerade steht. Man sollte ihm erzählen, was man gerade macht, und es freundlich behandeln.

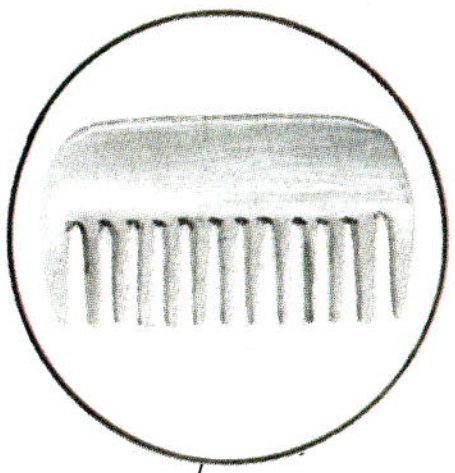

Mähnenkamm

Erfrischende Kühlung
Abkühlen und Erfrischen nach getaner Arbeit. Die meisten Pferde lieben so eine Dusche.

Naseputzen
Angetrockneter Schmutz wird mit einem feuchten Schwamm vorsichtig aus den empfindlichen Nüstern gewischt. Dabei sollte man das Pferd immer am Halfter festhalten, damit es nicht den Kopf hochreißen und sich verletzen kann.

Bevor man das Pferd wieder in den Stall führt, muss sorgfältig darauf geachtet werden, dass Fesseln, Ballen und auch die Ohren trocken sind.

Pflege-Set
- a mindestens zwei Schwämme
- b Hufbürste und Huföl
- c Schere und weiterer Schwamm zur „Gesichtskosmetik“
- d Shampoo
- e Schweifbandage
- f Poliertücher für den letzten Glanz
- g Kardätsche
- h Gummistriegel
- i Wurzelbürste
- j Schweißmesser
- k Metallstriegel zum Reinigen von Bürsten

Große Wäsche
Man kann das Pferd auch „baden“. Dazu werden angewärmtes Wasser und ein Pferde-Shampoo benutzt, mit dem man das Pferd mit einem Schwamm bis auf den Kopf leicht einreibt. Danach spritzt man das Pferd gründlich ab. Mit Stroh wird dann das Pferd abgerieben und so lange herumgeführt, bis es ganz trocken ist.

Hufpflege
Hufwand und Hufunterseite können gelegentlich mit Huffett eingepinselt werden.

Die Pferdemahlzeit

Futter und Wasser sind für ein Pferd das Wichtigste im Leben. Besonders ohne Wasser kann ein Pferd nur sehr kurze Zeit auskommen. Daher ist das Tränken im Stall und auf der Koppel sehr wichtig. Die Futtermenge hängt davon ab, wie viel das Pferd arbeitet oder wie oft es bewegt wird. Zu viel Futter ist ebenso schädlich wie zu wenig und kann zu Erkrankungen führen. Die Verdauung der Pferde ist darauf eingestellt geringere Nahrungsmengen aufzunehmen, dies aber mehrmals am Tag. Pferde in freier Wildbahn fressen fast ausschließlich Gras. Reitpferde benötigen zusätzliche Futtermittel wie Hafer, Kleie, Obst und Rüben. Es gibt ein großes Angebot an Futtermitteln und Zusätzen. Wichtig ist, dass das Verhältnis von Proteinen, Mineralien und Kohlehydraten ausgewogen ist und der Arbeit entspricht, die das Pferd leistet. Zu viel Proteine, also Eiweiß, wie es im Hafer enthalten ist, können zu Hufrehe führen, einer für das Pferd sehr schmerzhaften Erkrankung.

Heu
Heu ist geschnittenes und getrocknetes Gras. Qualitativ hochwertiges Heu riecht blumig und ist staubfrei.

Maiskörner
Mais enthält nicht so viel Eiweiß wie Hafer. Er sollte aber dennoch nicht in zu großen Mengen verfüttert werden.

Fütterung
Ein im Stall gehaltenes Pferd bekommt viele verschiedene Futtermittel. Das Futter wird in einem großen Behälter gemischt und zur Fütterungszeit dem Pferd gegeben.

Leinsamen
Leinsamen kann zur Abwechslung gefüttert werden. Es gibt ihn gemahlen, in Flocken oder in Würfeln.

Hafer
Bei Hafer ist es empfehlenswert ganze Körner zu kaufen und diese vor dem Füttern frisch zu quetschen oder zu kochen. Hafer kann jedoch auch in Mehlform gekauft werden. Die Menge, die man an ein Pferd verfüttert, sollte knapp dosiert sein.

Ein Plastikschöpfer dient als Futtermaß.

Tagesration
Wenn man sich nur einmal am Tag um das Pferd kümmern kann, muss man ihm genügend Futter und Wasser für den ganzen Tag hinstellen.

Wenn ein Pferd viel schwitzt, sollte man ihm einen Salzleckstein geben. Das bringt seinen Körperhaushalt wieder in Ordnung, weil Mineralien und Salze wieder aufgenommen werden.

Obst und Rüben
Zur Belohnung kann man einem Pferd kleine Rüben- oder Apfelstückchen geben. Man muss nur darauf achten, dass sie längs aufgeschnitten werden, da das Pferd sonst daran ersticken könnte.

Wasser
Pferde brauchen je nach ihrer Größe zwischen 25 und 50 Liter Wasser am Tag.

Pferdemahlzeit
Da der Pferdemagen immer nur kleine Mengen aufnehmen kann, muss man dem Stallpferd zwei bis drei Stunden Fresszeit geben, während der absolute Ruhe zu herrschen hat. Frei lebende Pferde verbringen mehr als zwölf Stunden täglich mit der Nahrungssuche und -aufnahme.

Das Pferd und seine Wohnung

Für die Pferdehaltung sind folgende Dinge notwendig: ein Stall, Lagermöglichkeiten für Futter und Einstreu, einige Geräte und möglichst eine Weide. Fast jede Pferderasse gewöhnt sich an die Offenstallhaltung, bei der die Pferde das ganze Jahr über im Freien leben und nur einen Unterstand haben, den sie eher bei Hitze als bei Regen aufsuchen. Bei der Stallhaltung unterscheidet man, ob die Pferde allein in einer eigenen Box oder nebeneinander in Ständen untergebracht sind. Ein Pferd mit einem Stockmaß von circa 155 cm benötigt einen Stall von mindestens 300 x 365 cm Fläche und etwa 230 cm Höhe, damit es genügend Bewegungsfreiheit hat. Da ein Pferd sich zum Schlafen hinlegt, braucht es genug Platz um sich wieder aufzurichten. Für die Frischluftzufuhr sollte eine geteilte Tür, deren obere Hälfte sich öffnen lässt, vorhanden sein.

Auch Pferde lieben eine gepflegte Umgebung. Ein Pferd, das sich wohl fühlt und zufrieden ist, bereitet weniger Sorgen.

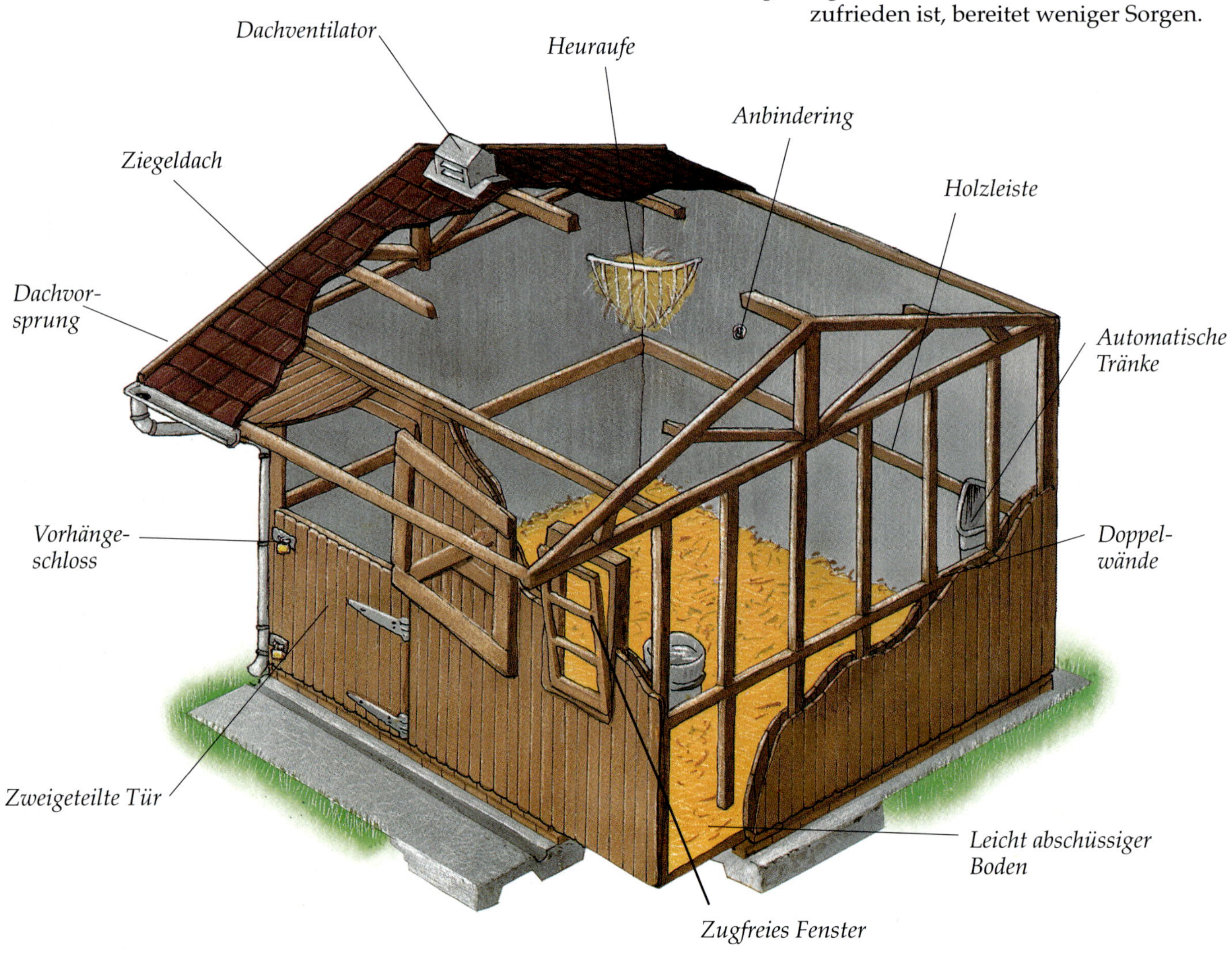

Hausputz
Ein Stall muss ständig ausgemistet werden. Saubere Einstreu hält das Pferd warm, lädt es zum Hinlegen ein und schont die Beine vor Verletzungen. Am besten ist es den Stall ein- bis zweimal täglich auszumisten.

Äpfelsammler
Das Abmist-Set erleichtert das Ausmisten des Stalles. Es eignet sich vor allem zur Entfernung von Pferdeäpfeln.

Papierschnitzel dienen als Einstreu für die Pferdebox.

Das Stroh muss sauber und trocken sein und es wird gut verteilt.

Boxenputzen
Nachdem man das nasse Stroh entfernt hat, fegt man die restliche schmutzige Einstreu zusammen und bringt sie auf den Misthaufen. Danach sollte man den Boden abtrocknen lassen, bevor man wieder frisch einstreut.

Sägespäne
Sägespäne können auch als Einstreu verwendet werden.

Ausmisten
Man braucht einen Rechen, eine Harke und eine Heugabel um den Stall auszumisten.

Heunetz
Es ist sehr praktisch ein Heunetz außerhalb der Box, aber in Reichweite des Pferdes aufzuhängen. So kann sich das Pferd nicht mehr mit den Beinen darin verfangen, und wenn das Pferd unfreundlich sein sollte, braucht man die Box nicht zu betreten.

Ein gesundes Pferd

Jeder Pferdebesitzer und Reiter sollte zumindest mit den wichtigsten Erste-Hilfe-Maßnahmen vertraut sein, um seinem Pferd im Notfall schnell helfen zu können. Abgesehen von den standardgemäßen Pflegearbeiten wie Hufe- und Zähneschleifen oder Wurmkuren ist die Kenntnis von Krankheitsanzeichen notwendig. So kann man Symptome rechtzeitig erkennen und eventuell den Tierarzt benachrichtigen. Normalerweise hat ein gesundes Pferd glänzende Augen und ein seidig schimmerndes Fell. Bei Krankheit ist das Fell manchmal stumpf und die Augen sind glanzlos. Ruhelosigkeit und heftige Atmung deuten oft auf eine Kolik hin, das ist eine Magen- und-Darm-Erkrankung des Pferdes. Starkes Schwitzen und Schweifschlagen können ebenfalls auf Bauchschmerzen hinweisen.

Lahmheit
Wenn das Pferd lahmt, sollte man die Hufe auf Steinchen und die Beine auf Verletzungen überprüfen. Ein lahmendes Pferd ist auch daran zu erkennen, dass es den Kopf hebt und senkt.

Arzttermin
Einmal im Jahr sollte ein Pferd gegen Wundstarrkrampf (Tetanus) und Grippe (Influenza) geimpft werden. Zweimal jährlich müssen die Zähne von einem Tierarzt überprüft werden.

Anzeichen
Ein krankes Pferd kann man daran erkennen, dass es müde und matt wirkt.

Wurmmittel werden direkt ins Maul gespritzt oder mit dem Futter verabreicht.

Würmer
Alle Pferde haben Würmer, besonders aber die Pferde auf der Weide, weil sie dort ständig neue Wurmlarven aufnehmen können.

Häufige Krankheiten
Pferde erkranken häufig an den Atem- und Verdauungswegen sowie an den Gliedmaßen. Oft spielen Unfälle oder Leistungsüberforderung eine Rolle.

Satteldruck
Ein Satteldruck tut sehr weh und verheilt nur sehr langsam. Er sollte frühzeitig erkannt werden.

Die Zähne müssen regelmäßig nachgesehen werden.

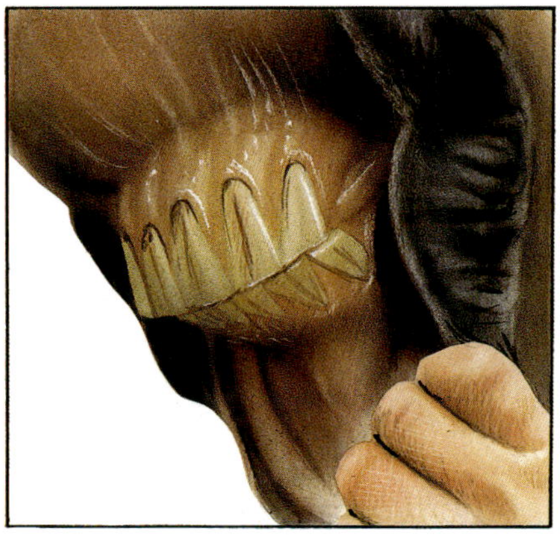

Hufrehe
Sie verursacht so starke Schmerzen in den vorderen Hufrändern, dass das Pferd durch Vorstellen der Gliedmaßen versucht nur die hinteren Hufpartien zu belasten. Es geht „klamm".

Schiefe Zähne
Dies sind die Zähne eines 28-jährigen Pferdes. Man erkennt die typische Schrägstellung.

Fingerspitzengefühl
Eine Spritze spürt das Pferd kaum, wenn sie von einem erfahrenen Tierarzt gegeben wird.

Verletzungsgefahr
Die Gliedmaßen des Pferdes gehören zu den verletzungsanfälligsten Körperteilen.

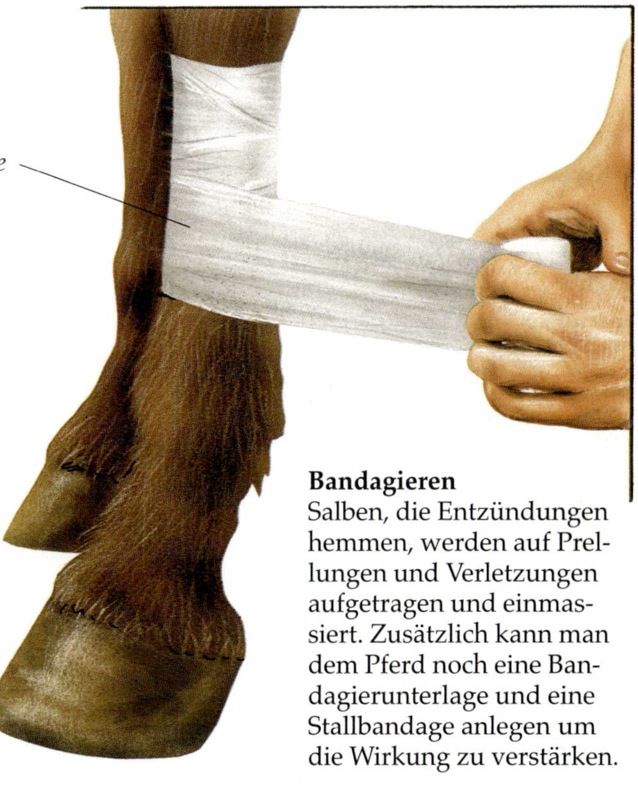

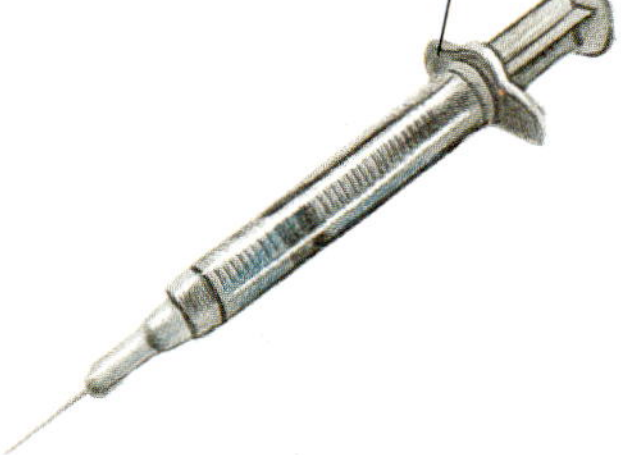

Injektion
Wenn andere Medikamente wie Salben oder Tabletten nicht mehr ausreichen, wird einem Pferd auch schon einmal eine Spritze verabreicht.

Bandagieren
Salben, die Entzündungen hemmen, werden auf Prellungen und Verletzungen aufgetragen und einmassiert. Zusätzlich kann man dem Pferd noch eine Bandagierunterlage und eine Stallbandage anlegen um die Wirkung zu verstärken.

Die Ausrüstung

Als Reiter sollte man seine Ausrüstung und deren Verwendung genau kennen. Dies ist für die Sicherheit von Pferd und Reiter unbedingt erforderlich. Die Grundausstattung besteht aus Sattel und Zaumzeug. Die Ausrüstung sollte aus gutem Leder sein, das durch sorgfältige Pflege sauber und geschmeidig gehalten werden muss. Welchen Sattel und welche Zäumung man einem Pferd zum Reiten anlegt, hängt von unterschiedlichen Dingen ab. So spielen der Körperbau und der Ausbildungsstand des Pferdes ebenso eine Rolle wie das Können des Reiters. Wichtig ist auch, welcher reiterlichen Disziplin man sich zuwenden möchte. Die gegenwärtig im europäischen Reitsport gebräuchlichsten Zäumungsarten heißen Kappzaum, Trense und Kandare. Neben vielem anderen Zubehör ist für den Reiter eine bruchsichere Kappe Vorschrift.

Kappzaum
Der Kappzaum ist ein Halfter ohne Mundstück, das auch häufig für die Ausbildung junger Pferde verwendet wird.

Verschiedene Gebisse

Eine einfach gebrochene Wassertrense. Sie hat ein Gelenk in der Mitte.

Dies ist ein ungebrochenes Olivenkopfgebiss.

Dies ist eine gebrochene Gummitrense mit drehbaren Ringen.

Halfter
Mit dem Halfter kann man das Pferd an der Leine führen. Es besteht nur aus dem Genickstück, dem Nasen- und dem Kehlriemen.

Pferdlein deck dich
Renn- und Turnierpferde werden oft ganz oder teilweise geschoren, damit sie weniger schwitzen. Als Ersatz brauchen sie aber eine wärmende Decke. Beim An- oder Abtransport für ein Turnier kann man das oft beobachten.

Steigbügel
Sie müssen möglichst groß und schwer sein, damit die Füße leicht hinein- und herausgleiten können. Es gibt viele verschiedene Steigbügelmodelle.

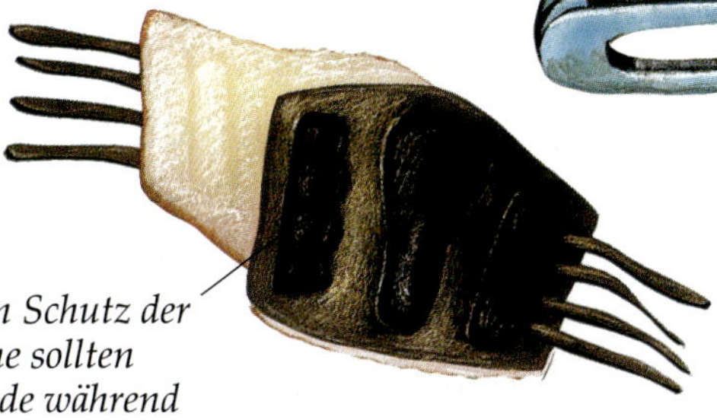

Zum Schutz der Beine sollten Pferde während des Transports Gamaschen tragen.

Sattelgurte werden an beiden Seiten des Sattels verschnallt und halten so den Sattel fest am Pferderücken.

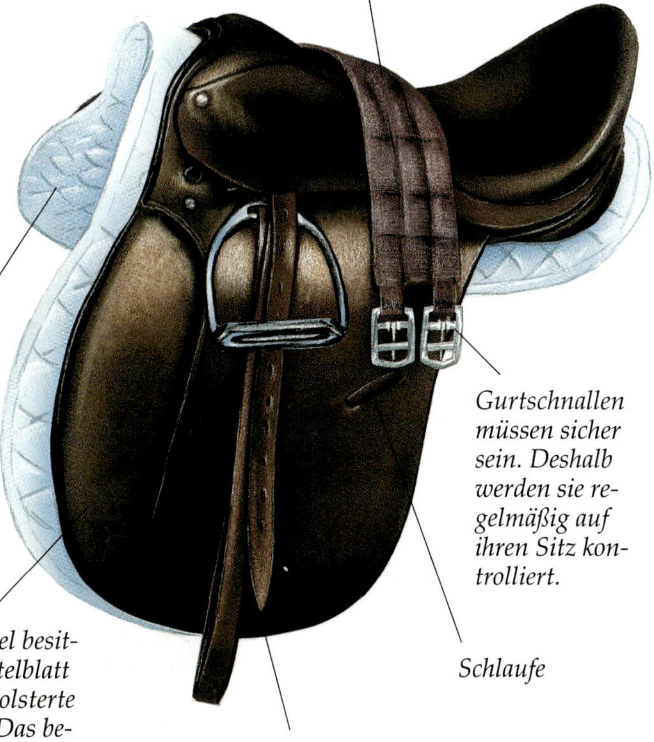

Ein gut gepolsterter Deckengurt verhindert das Verrutschen der Decke. Er muss korrekt sitzen, das heißt, er darf weder am Widerrist drücken noch um die Brust herum spannen.

Satteldecke

Gurtschnallen müssen sicher sein. Deshalb werden sie regelmäßig auf ihren Sitz kontrolliert.

Schlaufe

Einige Sättel besitzen am Sattelblatt dick aufgepolsterte Pauschen. Das bedeutet mehr Halt und Bequemlichkeit für den Reiter.

Die Steigbügelriemen sind aus starkem Leder. Sie können in einer kleinen Schlaufe am Sattelblatt befestigt werden.

Scharfe Gebisse
Mit diesem Gebiss kann der Reiter dem Pferd viel genauere Hilfen geben. Schärfere Gebisse als das hier abgebildete Pelham sollten nur von erfahrenen Reitern verwendet werden.

Satteln und Zäumen

Das Verständnis für das Verhalten des Pferdes ist der erste Schritt zu einer guten Partnerschaft. Damit das Pferd dem Menschen vertraut, braucht es eine gute Behandlung, an die es sich genauso erinnert wie an schlechte Erfahrungen. Hektische Bewegungen und laute Geräusche verunsichern ein Pferd. Dagegen mag es, wenn man mit ruhiger Stimme zu ihm spricht. In einer Reitschule lernt man den richtigen Umgang mit Pferden, angefangen vom Putzen, Zäumen und Satteln bis hin zum korrekten Aufsitzen. Dann erst folgen die ersten Schritte auf dem Pferderücken, später der Trab und schließlich der Galopp.

Kopfschutz
Eine Sicherheitssturzkappe gehört unabdingbar zur Ausrüstung eines jeden Reiters. Gute Kappen sind auf Bruchsicherheit geprüft.

Führen
Wenn man das Pferd irgendwohin führen möchte, sollte man „Komm“ sagen oder mit der Zunge schnalzen. Wenn nötig, kann man auch ganz leicht kurz am Strick ziehen.

Manchmal hilft es, wenn das Pferd angebunden ist, bevor man es sattelt.

Man sollte mit dem Pferd ruhig sprechen und sich von vorne nähern, damit das Pferd den Reiter sieht.

Der Sattel wird über den Arm gelegt. Die Bügel müssen hochgeschoben und Gurt und Satteldecke sollten bereits befestigt sein.

Die Trense hängt mit dem Genickstück über der Schulter, wobei die Kehl- und Nasenriemen losgeschnallt sein sollten. Beim Satteln wird die Trense über einen Pfosten oder etwas Ähnliches gehängt.

Annäherungsversuch
Man tritt von links an das Pferd heran, mit dem Sattel über dem Arm und der Trense über der Schulter. Eine Hand sollte frei bleiben, um beispielsweise Türen öffnen zu können oder das Pferd beruhigend zu tätscheln.

Trense anlegen
Die Backenstücke der Trense und der Kopf des Pferdes werden mit der rechten Hand festgehalten. Nun wird sein Gebiss zwischen Finger und Daumen der linken Hand genommen und mit dem Daumen im Maul sanft auf den zahnlosen Teil des Kiefers gedrückt, bis das Pferd das Maul öffnet.

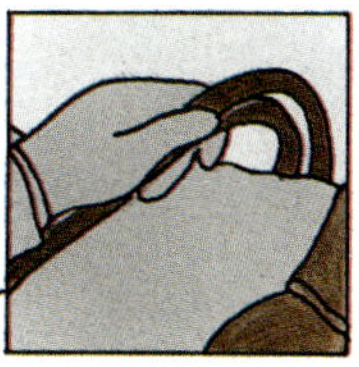

Zügel
Beim Aufsitzen werden beide Zügel in die linke Hand genommen, sodass man sich mit der rechten Hand am Sattel festhalten kann.

Aufschwung
Das rechte Bein wird vorsichtig über den Pferderücken geschwungen.

Beim Aufsteigen darauf achten, dass man dem Pferd nicht die Fußspitze in die Seite stößt! Denn dann tritt es nach vorne.

Aufsteigen
Mit dem linken Fuß steigt man in den Bügel und dreht sich dabei zum Sattel hin. Dann greift man mit der rechten Hand an den Sattel und stößt sich mit dem rechten Fuß leicht vom Boden ab, sodass man dann mit dem linken Fuß im Bügel steht. Anfangs kann man zum Aufsteigen immer den Reitlehrer um Hilfe bitten.

Der Reiter sitzt im tiefsten Punkt des Sattels.

Der Steigbügel wird unter dem Fußballen aufgenommen. Der Absatz bildet den tiefsten Punkt des Reiters.

Reiterposition
Der Reiter sitzt aufrecht, die Zügel locker in beiden Händen. Dabei hält er den Kopf gerade, die Ellenbogen leicht angewinkelt am Körper und die Absätze tief.

Schritt für Schritt

Der unverkrampfte und losgelassene Sitz beeinflusst die Reitweise und das Verhalten des Pferdes. Gymnastikübungen auf dem stehenden Pferd verbessern die Balance, geben Sicherheit und ermöglichen einen korrekten Sitz. Hat man einen sicheren Sitz erworben, lernt man mit einfachen Hilfen das Pferd zu beherrschen. Zuerst wird gelernt, wie man anreitet und hält. Danach lernt man das Wenden und den Wechsel der Gangarten. Um einen sauberen Übergang von einer Gangart in die andere zu reiten, ist es wichtig mit Händen, Unterschenkeln und Gewicht im richtigen Moment und im richtigen Maß auf das Pferd einzuwirken.

Fußspitzen berühren
Dazu führt man die rechte Hand zur linken Fußspitze und umgekehrt.

Arme und Beine anheben
Die Arme werden ausgestreckt und die Beine nach außen angehoben. Das Gewicht drückt man in den Sattel. Anschließend werden die Beine langsam gesenkt.

Zurücklehnen

Um sich zurückzulehnen lässt man zuerst die Zügel los und legt sich dann langsam auf die Kruppe des Pferdes. Die Füße bleiben dabei in den Steigbügeln. Dann richtet man sich behutsam wieder auf.

Sicherheit
Sicherheit im Sattel beeinflusst nicht nur die eigene Reitweise, sondern auch das Verhalten des Pferdes.

Genick berühren
Ein Arm wird nach vorne gestreckt und berührt das Genick des Pferdes. Die andere Hand hält die Zügel locker fest. Dasselbe wird mit dem anderen Arm wiederholt. Die Unterschenkel bleiben dabei liegen.

Gleichgewicht
Der Reiter soll sich nicht durch Festklammern, sondern nur durch sein Gleichgewicht im Sattel halten.

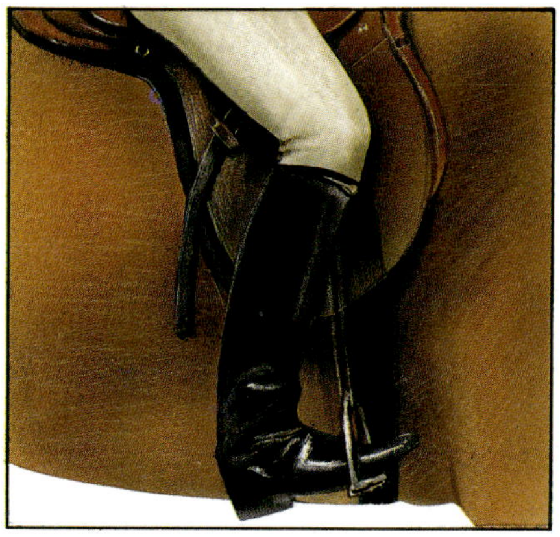

Wenden
Beim Wenden ist der Einfluss von Gewicht und Schenkel größer als der des Zügels, der so wenig wie möglich einwirken darf. Man sollte versuchen den Rhythmus in der Wendung zu erhalten. Die Hilfen werden so dosiert, dass Fleiß und Biegung erhalten bleiben.

Schenkel
Bei der Wende bleibt der innere Schenkel am Gurt. Er reguliert das Maß der Biegung.

Hände
Die Hände halten gefühlvoll Kontakt zum Maul des Pferdes. Sie regulieren das Tempo und geben die Richtung an.

Innere Hand
Mit der inneren Hand führt man das Pferd in die Biegung. Der Kontakt bleibt nur leicht, da sonst die innere Schulter blockiert wird.

Tief sitzen
Beim Anreiten tief im Sattel sitzen und das Gesäß nach vorn schieben.

Anreiten
Dazu sitzt man aufrecht und drückt die Waden gegen den Pferdebauch. Wenn das Pferd auf die Hilfen reagiert, gibt man mit der Hand nach.

Wenn das Pferd auf die Hilfe des Wadendrucks nicht reagiert, klopft man mit den Absätzen leicht gegen den Pferdebauch.

Unkorrekte Wendung

Nicht über die Schulter fallen lassen, sodass das Pferd zur falschen Seite gebogen ist. Mit dem inneren Schenkel wird korrigiert, nicht mit den Zügeln.

Der Kopf darf nicht mit den Zügeln herumgezogen werden, da das Pferd sonst aus dem Gleichgewicht kommt.

Man darf nicht so tief in die Ecke reiten, dass Hinterbeine und Vorderbeine nicht folgen können.

Schritt, Trab, Galopp

Leichttraben
Zuerst versucht man sich auf dem stehenden Pferd vorsichtig aus dem Sattel zu erheben und sich dann wieder sanft hinzusetzen. Wichtig ist sich aus den Knien heraus zu erheben.

Wenn der Reitschüler sich im Schritt sicher fühlt, geht er zum Traben über. Zunächst wird er vielleicht hin und her gestoßen und wird Mühe haben die Balance zu halten. Je lockerer er aber wird, desto müheloser kann er die Bewegungen des Pferdes mitschwingen. Die richtige Haltung im Sattel und das Balancehalten werden oft ohne Steigbügel trainiert. Es ist wichtig sich niemals am Zügel festzuhalten. Man fasst am Anfang lieber in den Halsriemen, in die Mähne oder in den Vorderzwiesel des Sattels. Zunächst erlernt man das Leichttraben, wobei man einen Trabtritt im Sattel sitzt und im nächsten entlastend aufsteht. Mit der Zeit lernt man, geschmeidig die Bewegung auszusitzen und die Schwingung des Pferderückens mitzufedern. Dies gilt auch für den Galopp.

Konzentration
Man muss sich auf sein Gleichgewicht konzentrieren und während des Aufstehens die Steigbügel nach unten austreten.

Sitz
Im Trab sitzt man wie im Schritt aufrecht, aber nicht steif, mit ruhigem Unterschenkel.

Halsriemen
Wenn man das Gleichgewicht verliert oder sich unsicher fühlt, greift man in den Halsriemen.

Aussitzen
Im ruhigen Trab lernt man das Aussitzen. Bei Ermüdungserscheinungen sollte man Pausen einlegen. Mit der Zeit erlernt man die Losgelassenheit und es fällt immer leichter mit dem Pferd mitzuschwingen.

Fernsteuerung
Der Reitlehrer hält das Pferd an der Longe unter Kontrolle, bestimmt Rhythmus und Gangart. So kann man sich, unabhängig vom Zügel, auf Sitz und Gleichgewicht konzentrieren.

Longieren
Die Longe ist hier an einem Kappzaum befestigt. Manchmal lässt der Reitlehrer seine Schüler das Gefühl für die Balance auch ohne Steigbügel üben.

Traben

Der Trab ist eine Gangart im Zweitakt mit diagonaler Fußfolge. Die Schwebephase liegt jeweils zwischen Auf- und Abfußen eines diagonalen Fußpaares.

Wechselschritt: Bandagen kennzeichnen die diagonalen Beinpaare.

Bahnfiguren

Um die Richtungsänderungen zu erlernen und Routine für einen sicheren Sitz zu erlangen, reitet man verschiedene Bahnfiguren.

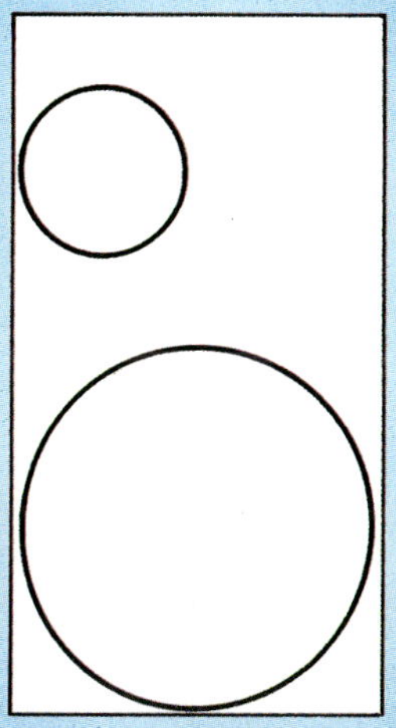

Volte und Zirkel

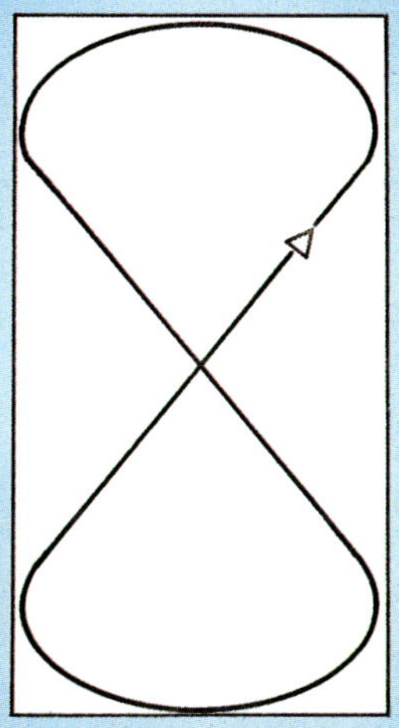

Handwechsel durch die Diagonale

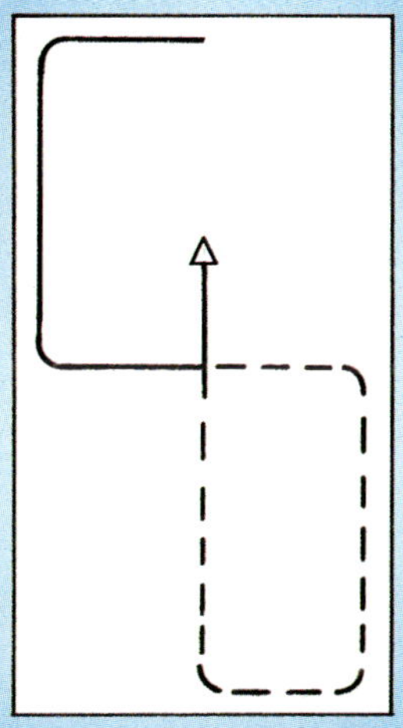

Durch die Länge der Bahn wechseln

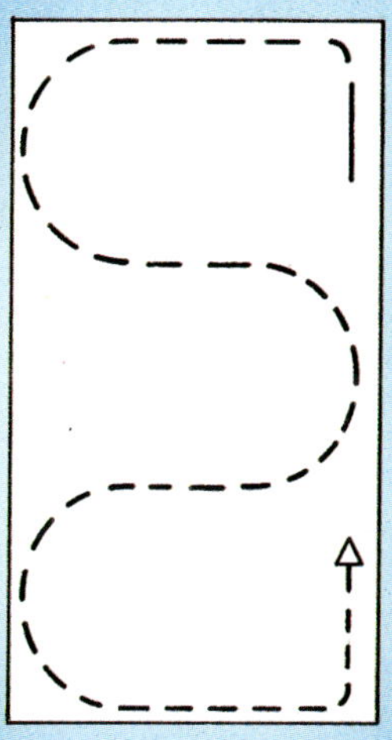

Schlangenlinien durch die ganze Bahn

Gesäßmuskeln anspannen und das Pferd zwischen Schenkeln und Zügeln führen.

Pferd leicht nach rechts stellen, innerer Schenkel am Gurt und äußerer Schenkel eine Handbreit zurück.

Die innere Hand geht vor und lässt die rechte Schulter heraus, leichter Kontakt. Mit den Schenkeln vorantreiben.

Die Gangarten

Die Grundgangarten, die fast alle Pferde von Natur aus zeigen, sind Schritt, Trab und Galopp. Außerdem gibt es noch den Passgang und den Tölt. Bei allen Gangarten entwickeln die Hintergliedmaßen die entscheidende Schubkraft, während die Vordergliedmaßen die Funtion des Abrollens und Stützens übernehmen. Im Schritt erreicht ein durchschnittlich großes Pferd eine Geschwindigkeit von circa sieben Stundenkilometern. Die schnellste Gangart des Pferdes ist der Galopp, bei dem manche Rennpferde Geschwindigkeiten von mehr als 70 km/h erreichen. Alle Gangarten kann man in einer guten Reitschule erlernen.

Galopp
Der Galopp ist die schnellste Gangart des Pferdes. Die Abbildung zeigt eine Phase des Rechtsgalopps, erkennbar an der Einbeinstütze hinten links.

Im Gegensatz zu den anderen Gangarten gibt es im Galopp keine symmetrische Fußfolge.

Schritt
Im Schritt geht das Pferd gleichmäßig im Viertakt.

Dreibeinstütze

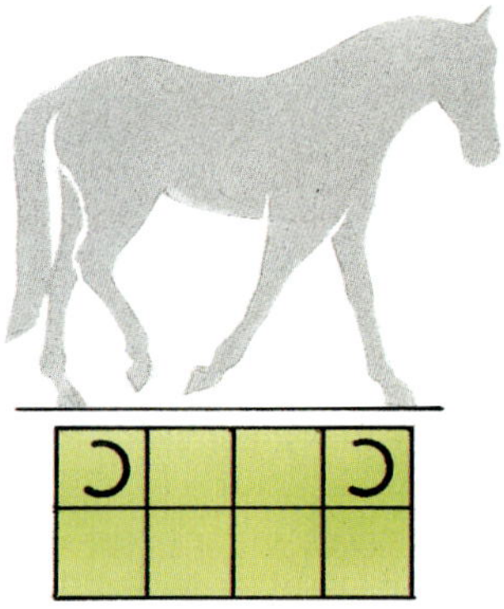

Laterale Zweibeinstütze

Dreibeinstütze

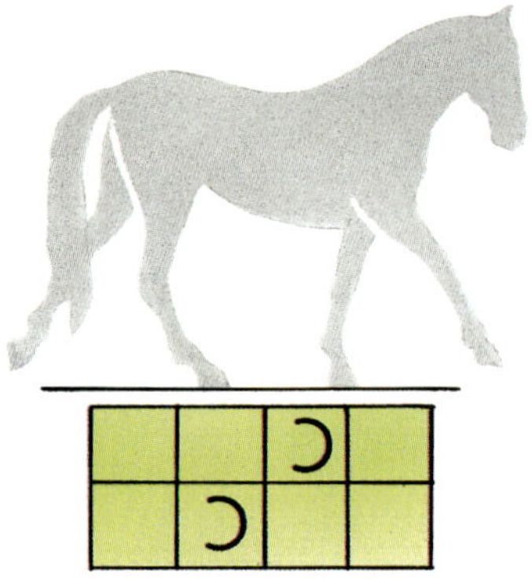

Diagonale Zweibeinstütze

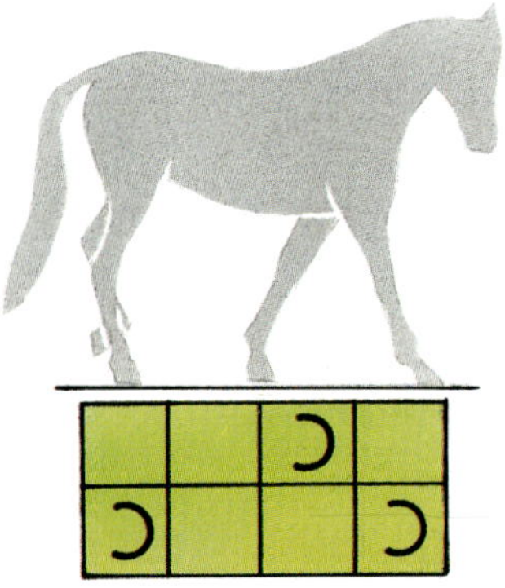

Dreibeinstütze

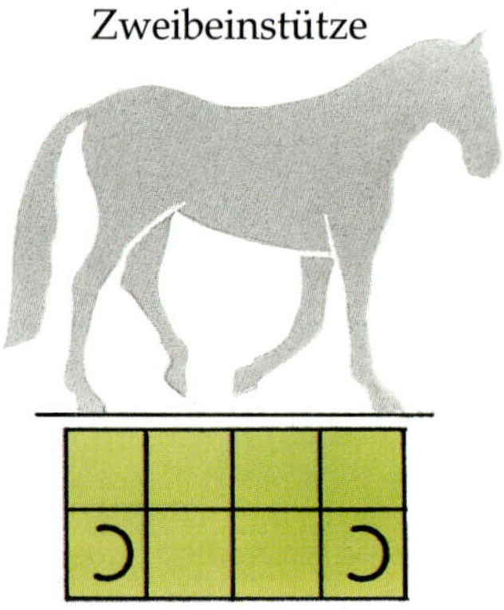

Laterale Zweibeinstütze

Dreibeinstütze

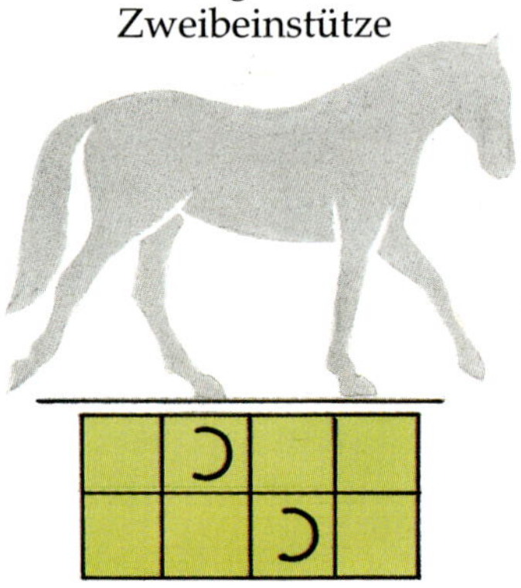

Diagonale Zweibeinstütze

Trab

Der Trab ist ein Zweitakt in vier Phasen. Dabei wechselt das Pferd von dem einen diagonalen Beinpaar auf das andere.

Diagonale Zweibeinstütze | Schwebephase | Diagonale Zweibeinstütze | Schwebephase

Rechtsgalopp

Der Galopp ist ein Dreitakt mit sechs Phasen. Es folgen hintereinander Einbein-, Dreibein-, diagonale Zweibeinstütze, Dreibein- und wieder eine Einbeinstütze. Darauf folgt die Schwebephase. Es gibt zwei verschiedene Galopparten: den Linksgalopp und den Rechtsgalopp.

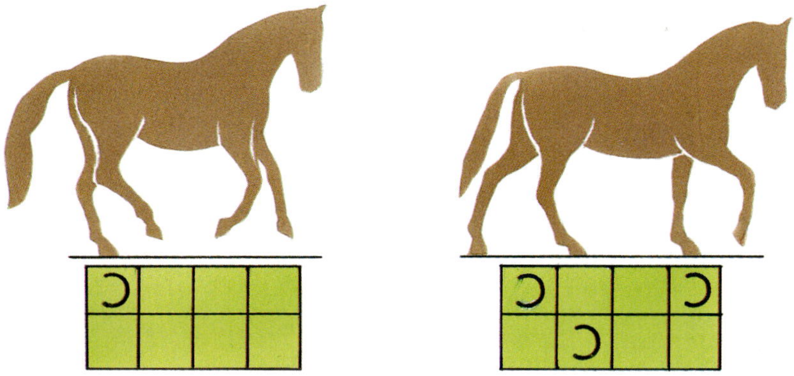

Einbeinstütze hinten | Dreibeinstütze

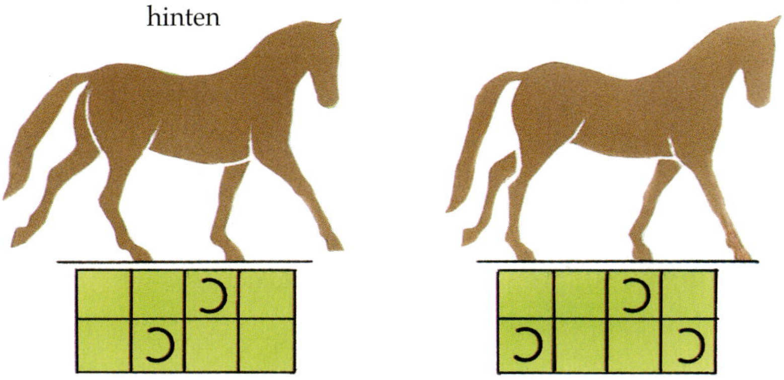

Diagonale Zweibeinstütze | Dreibeinstütze

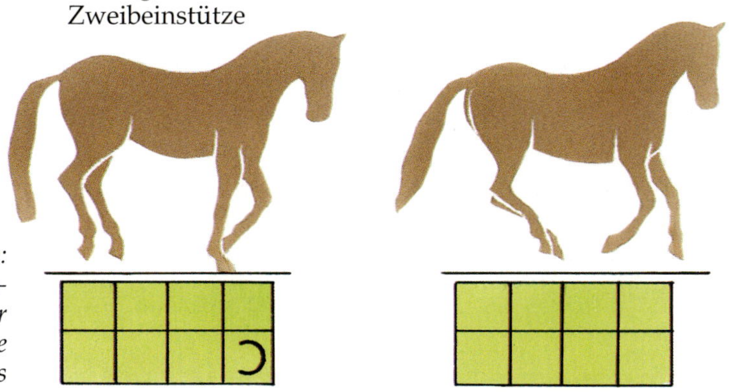

Einbeinstütze vorne rechts | Schwebephase

Sprinter

Bei den sogenannten Flachrennen reiten die Jockeys ihre Pferde im Renngalopp. Um den Pferderücken zu entlasten reitet der Jockey im leichten Sitz.

Linksgalopp: deutlich erkennbar an der Einbeinstütze vorne links

Sprungbereit

Das Springen ist vor allem eine Sache der Balance, bei der Pferd und Reiter harmonisch aufeinander abgestimmt sein müssen. Beim Springen reitet man im sogenannten leichten Sitz um den Rücken des Pferdes zu entlasten. Bevor es über die ersten Hindernisse geht, kann man zur Vorbereitung zuerst über Stangen traben, die man in gleichmäßigen Abständen auf den Boden gelegt hat, oder im leichten Sitz bergauf und bergab galoppieren. Wenn man dann einen ausbalancierten, sicheren Sitz beibehalten kann, reitet man das erste kleinere Hindernis aus dem Trab oder Galopp an. Mit zunehmender Routine erhöht man den Schwierigkeitsgrad immer mehr.

Springglocken
Sie werden um die Fesseln des Pferdes geschlossen um Verletzungen zu vermeiden.

Springen
Das Hindernis wird aus ruhigem Trab oder Galopp mit genügend Schwung angeritten. Der Reiter beugt sich dann von hinten nach vorne, geht mit der Bewegung mit und stört sie nicht.

Beim Anreiten wird mit Schenkel und Kreuz getrieben. Beim Absprung geht man mit dem Oberkörper nach vorne.

Die Hände geben den Kopf des Pferdes frei.

Das Pferd stößt sich mit beiden Hinterbeinen vom Boden ab.

Für den Anfänger genügen kleine, kniehohe Hindernisse wie diese über Kreuz gelegten Stangen.

Bügel verkürzen

Vor dem Springen müssen die Bügel etwa um zwei Löcher kürzer geschnallt werden. Nur so kann man im leichten Sitz die Balance halten.

Stangenritt
Das Traben über Stangen eignet sich gut als Vorbereitung auf das Springen. Der Reiter übt den leichten Sitz und findet sein Gleichgewicht. Wenn man das erste Mal über Stangen trabt, geht es meist noch etwas holprig zu.

Man muss versuchen in den Gelenken locker zu bleiben und die Bewegung des Pferdes mit dem Rücken, den Knien und den Fußgelenken abzufedern. Dadurch wird das Pferd weniger belastet. Der Blick ist nach vorne gerichtet.

Zügellos
Sich nie an den Zügeln festhalten! Bei Gleichgewichtsverlust in den Halsriemen oder in die Mähne greifen.

Landung
Mit Knien und Fußgelenken abfedern und sich aufrichten um die Vorhand zu entlasten.

Bei entspannten Schultern und Ellenbogen folgt man mit den Händen der Bewegung des Pferdes. Man lässt ihm so viel Zügelfreiheit, wie es braucht.

Die Beine bleiben ruhig am Gurt liegen.

Perfekt
Hier sind Reiter und Pferd perfekt ausbalanciert.

Bügelfest
Die Steigbügel werden unter dem Fußballen gehalten und die Absätze nach unten ausgetreten.

Solche Hindernisse können bis zu zwei Meter hoch, manchmal auch noch höher sein.

Weltklassespringen
So sieht es aus, wenn ein Weltklassereiter wie Otto Becker auf Pamina über den Parcours geht.

Der erste Ausritt

Wenn man sein Pferd in der Bahn und auf dem Platz beherrscht und bei allen drei Gangarten sicher im Sattel sitzt, ist der Zeitpunkt für den ersten Ausritt gekommen. Am besten übt man anfangs auf einer Weide, da Pferde sich im freien Gelände oft anders benehmen als auf einem umzäumten Platz. Auf öffentliche Wege sollte man sich erst begeben, wenn man genügend Erfahrung in unterschiedlichem Gelände gesammelt hat. Das Reiten im Straßenverkehr erfordert neben vorschriftsmäßigem Verhalten auch hohes Geschick vom Reiter. Um unerwartete Situationen wie Begegnungen mit Motorrädern, Fußgängern mit Hunden oder Auto- und Fahrradfahrern meistern zu können, empfiehlt es sich Ausritte in den öffentlichen Verkehr zunächst zusammen mit dem Reitlehrer in einer größeren Gruppe zu üben.

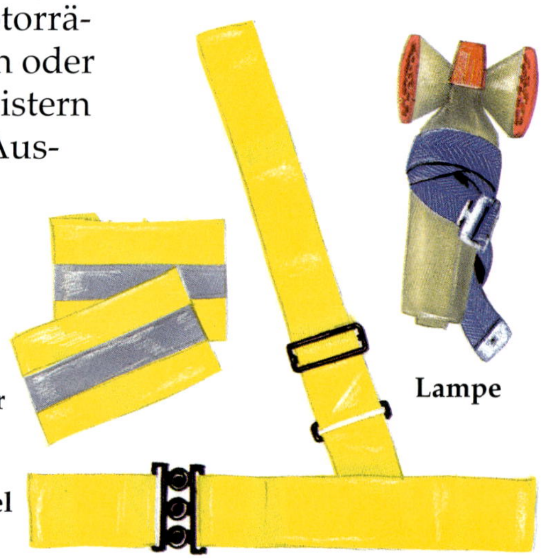

Rücksicht
Um die Rücksicht von Autofahrern zu gewinnen macht man durch freundlich gegebene Handzeichen auf sich aufmerksam und bedankt sich für ein Abbremsen oder Anhalten.

Nachtsicht
Dieser Gürtel und die Bänder sind aus reflektierendem Material und sie gewährleisten bei Dunkelheit eine hohe Sicherheit.

Gatter öffnen
Bei solchen Gelegenheiten zeigt sich die Geschicklichkeit eines Reiters! Um die Weide zu verlassen muss man vom Pferd aus ein Tor öffnen und schließen können. Dazu muss das Pferd auf engstem Raum gewendet werden oder man muss eine Volte reiten. Auch solche Situationen werden in einer Reitschule geübt.

Umschauen
Man sollte oft nach hinten blicken, vor allem, wenn man abbiegen will. Man signalisiert den Autofahrern deutlich, wohin man reiten will.

Abbiegen
Vor dem Abbiegen streckt man den jeweiligen Arm deutlich heraus, sodass er von vorn und hinten gut gesehen werden kann.

Handzeichen erst dann geben, wenn man auch zum Abbiegen bereit ist.

Im Straßenverkehr ist es sicherer vor dem Richtungswechsel erst stehen zu bleiben.

Warnzeichen
Will man das eigene Tempo oder das eines zu schnell fahrenden Autos verringern, streckt man den Arm heraus und bewegt ihn auf und ab.

Vor dem Überholen eines anderen Reiters sollte man diesem seine Absicht zurufen.

Verkehrstipps

- Aufmerksam bleiben
- Nicht mit langem Zügel reiten
- Helle Kleidung tragen
- Rechts reiten und Schritt reiten
- Seitenstreifen benutzen
- Hintereinander bleiben
- In einer Gruppe warnt der letzte Reiter den Verkehr, der erste Reiter zeigt die Richtungs- oder Gangartwechsel an
- Nachts oder bei Nebel Bügellampen tragen

Besonders an Baustellen ist höchste Vorsicht und Umsichtigkeit geboten.

Verkehrserziehung
Der Reitlehrer trainiert mit einer kleinen Gruppe das richtige Verhalten im Verkehr.

Die sportlichen Pferde

Sich im sportlichen Wettstreit miteinander zu messen ist so alt wie die Geschichte der Menschheit selbst. Der Reitsport bietet eine Vielzahl von Disziplinen, in denen Pferd und Reiter ihre Fähigkeiten beweisen können. Der Galopprennsport und das Trabrennen stehen auf der Beliebtheitsskala ganz oben, vielleicht wegen der damit verbundenen Wettmöglichkeiten. Neben diesen Rennsportarten gibt es aber noch viele weitere Disziplinen wie Springreiten, Dressur, Vielseitigkeitsprüfungen sowie Reiterspiele wie Polo oder Horseball. In den letzten Jahren ist auch Voltigieren immer beliebter geworden.

Vielseitigkeit
Beim Vielseitigkeitssport besteht die Prüfung aus drei Teildisziplinen: der Dressur, dem Geländeritt und dem Springen. Die Vielseitigkeit testet wie keine andere Disziplin das Können des Reiters und den Mut und Gehorsam des Pferdes.

Der Schweif des Pferdes ist immer so kurz wie möglich geflochten, damit er sich nicht mit dem Schläger verfängt.

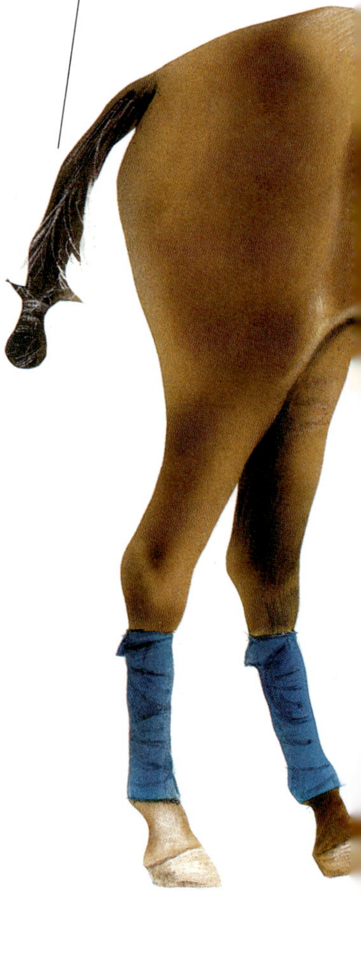

Horseball
Horseball gehört zu den jüngsten Pferdesportarten. Es wurde in Frankreich erfunden. Zwei Mannschaften mit je vier Spielern müssen, ähnlich wie beim Basketball, den Ball in den Korb des Gegners befördern. Dieses Spiel ist eine Mischung aus Basketball und Polo.

Ein speziell angefertigter Bewegungssattel ermöglicht den Spielern die gewünschte Bewegungsfreiheit.

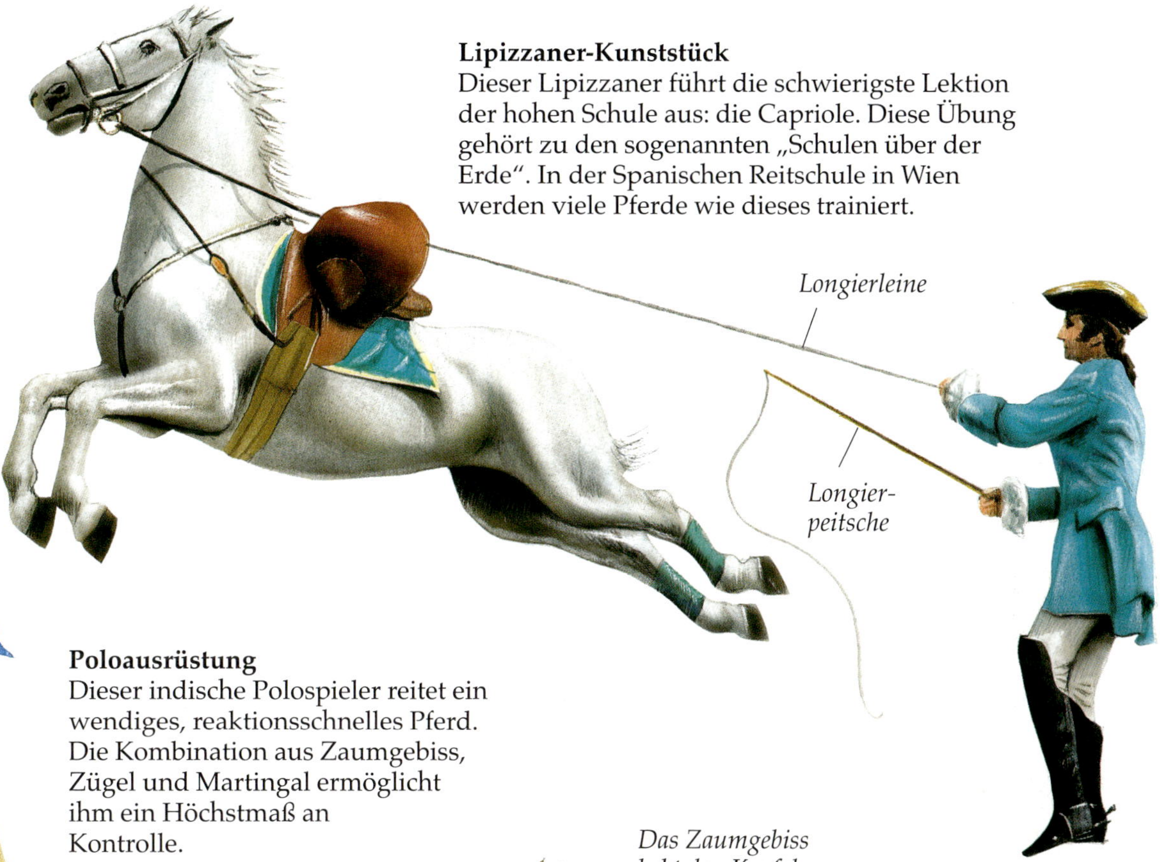

Lipizzaner-Kunststück
Dieser Lipizzaner führt die schwierigste Lektion der hohen Schule aus: die Capriole. Diese Übung gehört zu den sogenannten „Schulen über der Erde". In der Spanischen Reitschule in Wien werden viele Pferde wie dieses trainiert.

Poloausrüstung
Dieser indische Polospieler reitet ein wendiges, reaktionsschnelles Pferd. Die Kombination aus Zaumgebiss, Zügel und Martingal ermöglicht ihm ein Höchstmaß an Kontrolle.

Der Hundekönig
Der sogenannte Huntsmann ist für die Hundemeute verantwortlich. Er muss seine Aufgabe erfüllen können, ohne dabei vom nachfolgenden Jagdfeld gestört oder behindert zu werden.

Sport und Show

Wegen seiner angeborenen Anmut, Intelligenz und Beweglichkeit wird das Pferd schon seit Jahrhunderten mit Vorliebe für Schau- und Unterhaltungszwecke ausgebildet und eingesetzt. Man sieht Pferde in den spanischen Corridas (Stierkämpfe) und den amerikanischen Rodeos, wo der Reiter sich für circa sechs Sekunden auf dem Rücken eines ungezähmten Mustangs halten muss. Daneben gibt es noch Wagen- und Kutschenrennen oder ähnliche Attraktionen. Schon seit der Zeit der Griechen und Römer existiert der Zirkus, aber so, wie wir ihn kennen, geht er auf das Jahr 1769 zurück. Damals baute der ehemalige Reitermajor Philip Astley die erste runde Manege mit überdachtem Zuschauerraum. Man könnte sagen, dass sich auch die Ursprünge des Voltigierens hier finden lassen.

Ein Pferd zum Steigen zu bringen ist kein leichter Dressurakt.

Zirkuspferd
Im Zirkus findet man alle möglichen Pferderassen. Wert gelegt wird auf Originalität, Schönheit und Gelehrigkeit, da die Pferde schwierige Dressurakte beherrschen müssen.

Einarmiger Handstand auf dem Pferd

Mut
Artisten zeigen gewagte akrobatische Kunststücke, die mitunter viel Mut erfordern.

Voltigieren
Das Voltigieren ist die Ausführung gymnastisch-turnerischer Übungen auf einem ruhig im Kreis gehenden oder galoppierenden Pferd. Die Disziplin verlangt gymnastische und tänzerische Fähigkeiten.

Hohe Leistung
Balanciervermögen und große turnerische Leistungen sind erforderlich.

Jungvoltigeure
Spielerisch werden Kinder durch die Voltigierausbildung zu perfekten Reitern ausgebildet.

Voltigiergurt mit zwei Griffen

Rodeo

Beim Rodeo gibt es verschiedene Disziplinen. Bei der klassischen Rodeoveranstaltung versucht der Reiter mit einer Hand auf einem gesattelten Bronco zu reiten. Eine andere, gefährlichere Variante ist das Reiten ohne Sattel.

Das Tonnenreiten wird vorwiegend von Frauen ausgeführt. Hier kommt es auf Schnelligkeit und Gleichgewicht an.

Der Cowboy hat nur eine einfache Handstrippe, an der er sich mit einer Hand festhalten darf.

Bei der berühmten „ungarischen Post“ steht der Reiter mit jeweils einem Bein auf einem galoppierenden Pferd.

Tonnenreiten

Diese Disziplin nennt sich Barrel Racing oder Tonnenreiten. Im Dreieck aufgestellte Tonnen werden in kleeblattförmiger Bahn umritten.

Ungarische Post

Viele beliebte Pferdeschaunummern basieren auf Kunststücken der Czikos, der ungarischen Cowboys. Die Ungarn sind berühmt für ihre Geschicklichkeit im Umgang mit Pferden.

Trab- und Flachrennen

Für die Öffentlichkeit sind die Flachrennen der Vollblüter besonders spektakulär. Diese Rennen haben ihren Ursprung in England: 1309 fand das erste beurkundete Galopprennen in Newmarket statt. Ende des 17. Jahrhunderts begann mit dem orientalischen Hengst Byerley Turk in England die Vollblutzucht und sie verbreitete sich um die ganze Welt. Es entwickelte sich das amerikanische Vollblut, das als schneller Sprinter für kürzere Distanzen gezüchtet wurde. Die europäischen Vollblüter werden dagegen für längere Strecken trainiert um Kondition und Ausdauer zu erhöhen. Für die Trabrennen züchtete man eine spezielle Vollblutrasse: den Traber. Im Gegensatz zum Galopp ist der Trab die Arbeitsgangart des Pferdes. Er ist nicht so kraftaufwendig und ermüdend und ermöglicht dem Pferd größere Strecken zurückzulegen. Bei den Trabrennen zieht das Pferd einen Sulky, einen einspännigen, zweirädrigen Rennwagen leichter Bauart mit dünnen Gummireifen.

Flachrennrasse
Die englische Vollblutrasse wird für Flachrennen gezüchtet. Vollblutpferde erreichen Geschwindigkeiten bis zu 70 km/h.

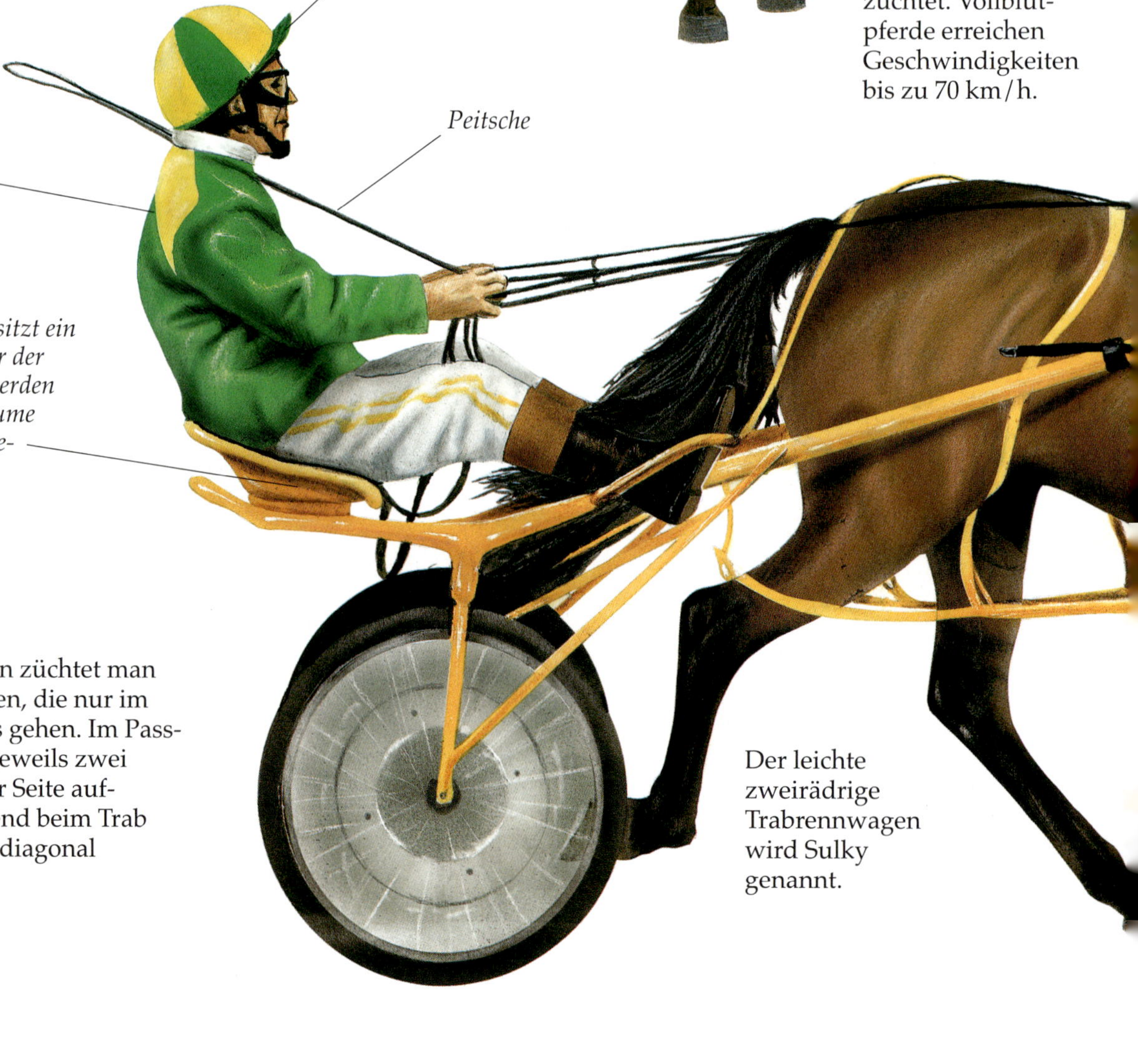

Traber
Für Trabrennen züchtet man spezielle Rassen, die nur im Trab oder Pass gehen. Im Passgang werden jeweils zwei Beine auf einer Seite aufgesetzt, während beim Trab die Beinpaare diagonal aufsetzen.

Der leichte zweirädrige Trabrennwagen wird Sulky genannt.

Das Trikot zeigt die Farben des Rennstalles.

An den hochgebundenen Steigbügeln erkennt man, dass die Jockeys mehr knien als sitzen.

Rennsattel
Dieser Sattel ist extrem leicht und erlaubt dem Reiter sich weit nach vorne zu lehnen. Es gibt Rennsättel in vielen verschiedenen Ausführungen. Manche sind sogar aus Textil oder Kunststoff.

Dramatik
Dies ist ein Point-to-Point-Rennen für Amateure. Auf Grund der Stürze und wegen seiner Dramatik ist es beim Publikum oftmals beliebter als die Rennen der Professionals.

Pferde wie dieses amerikanische Standard Bred erreichen im Gespann oft Geschwindigkeiten von mehr als 50 km/h.

Dieses spezielle Beinhalfter hilft dem Pferd den Passgang beizubehalten.

American Standard Bred
Diese Pferde tragen ihren Namen nach einer Standardprüfung, der sie sich unterziehen mussten, nämlich eine Meile in nur 1 Minute und 46 Sekunden zu laufen.

Pferdekur
Die hochgezüchteten Leistungspferde erhalten oft heilgymnastische Behandlung wie z. B. Baden in einem Schwimmbad. Später werden die Pferde dann unter Infrarotlicht getrocknet.

Die großen Turniere

Großer Sprung
Der Reiter muss sich beim Sprung nach vorne beugen, sodass der Schwerpunkt von Pferd und Reiter übereinstimmt. Wie man hier sieht, gelingt das nicht immer.

Besonders im olympischen Wettkampf besitzen Springreiten und Dressur einen hohen Stellenwert. In der Dressur werden die natürlichen Anlagen der Pferde durch Gymnastizieren gefördert. Dressur hat nichts damit zu tun, dass das Pferd etwas auswendig lernt um es auf Kommando vorzuführen. Es reagiert vielmehr auf ganz feine Hinweise mit dem Zügel, mit dem Gewicht und Schenkel des Reiters und es lernt Schritte, Tritte und sehr differenzierte Bewegungen auszuführen. Der Wettkampf besteht aus mehreren Übungen und Bahnfiguren und die Darbietung wird von Punktrichtern bewertet. Spektakulärer und publikumswirksamer sind jedoch die Springturniere. Hier sind keine Spezialkenntnisse des Zuschauers erforderlich und es gibt auf dem Parcours oft dramatische Aktionen zu erleben.

Traversale
Diese Reiterin zeigt mit ihrem Pferd eine halbe Traversale, das ist eine Schrägverschiebung des Pferdes auf zwei Hufschlägen.

Das Pferd trägt ein Stirnband mit seiner Startnummer.

Prüfungskleidung
Bei klassischen Dressurprüfungen trägt der Reiter Frack und Zylinder. Weiße Hose und weiße Handschuhe sind obligatorisch.

Die Piaffe
Die schwierigste Lektion bei der Dressur ist die Piaffe. Das ist eine erhabene Trabbewegung, bei der das Pferd mit jedem Tritt um eine Hufbreite vorwärts rückt. Sie bildet die Grundlage der hohen Schule.

Einheitslook
Bei den großen Turnieren tragen die Springreiter eine einheitliche Kleidung.

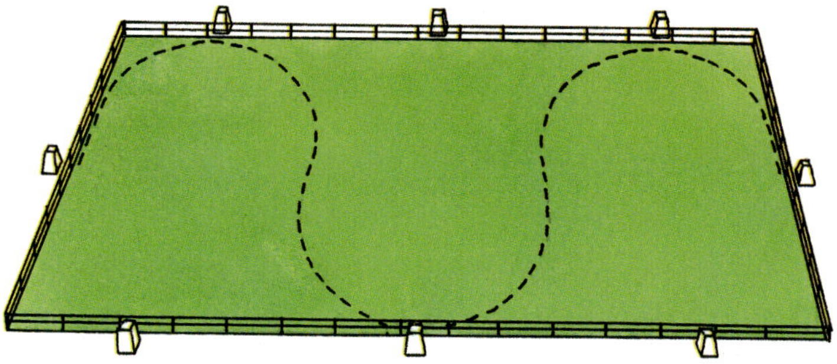

Dressurviereck
Abbildung eines Turnierplatzes für die Dressur. Er muss für internationale Wettbewerbe 20 mal 60 Meter groß sein.

Konzentration
Dieser Reiter zeigt eine Pirouette im Galopp. Das erfordert eine hohe Konzentration für Pferd und Reiter. Es ist die schwierigste Galoppübung bei der Dressur.

Pirouetten-Schema
Die Vorderbeine des Pferdes beschreiben einen größeren Kreis als die Hinterbeine. Der Drehpunkt des Kreises liegt am inneren Hinterhuf. Dieser darf aber nicht auf der Stelle drehen, sondern muss ebenfalls einen kleinen Kreis beschreiben.

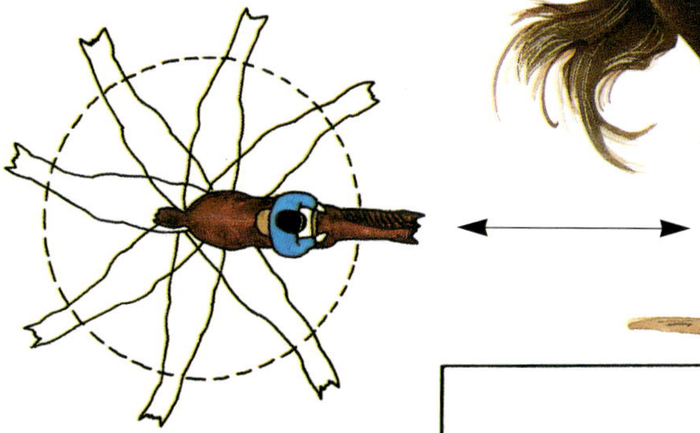

Sprunghindernisse
Beim Springreiten ist der Parcours nach internationalen Richtlinien aufgebaut. Hier sieht man einige der bekanntesten Hindernisse.

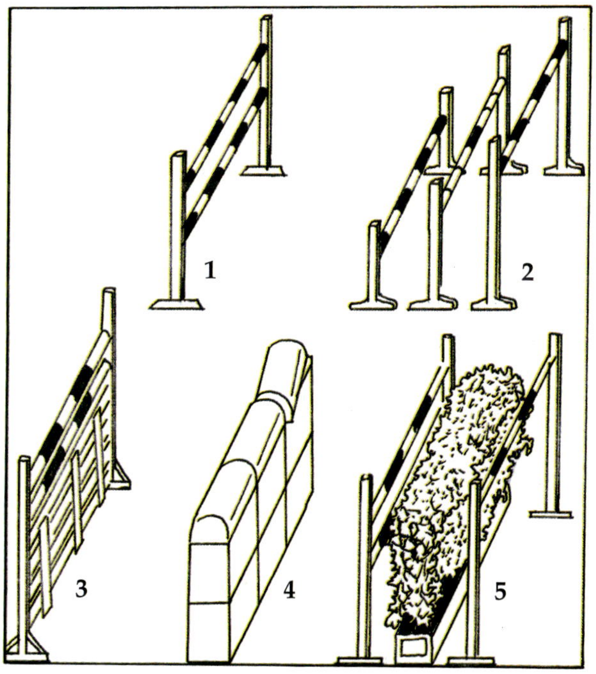

1 Einfaches Rick **2** Triplebarre **3** Gatter **4** Mauer **5** Oxer

Klein, aber oho!
Eines der berühmtesten Springpferde aller Zeiten heißt Milton. Das kleine weiße Pferd nahm mühelos Hindernisse, die wesentlich größer waren als es selbst.

Register